L'écologie, c'est fini

Qu'en pensent les experts ?

L'écologie, c'est fini

Qu'en pensent les experts ?

ALICE AUDOUIN

EYROLLES

Éditions Eyrolles
61, bd Saint-Germain
75240 Paris Cedex 05
www.editions-eyrolles.com

Les Echos Editions
Groupe Les Echos
16, rue du Quatre-Septembre
75112 Paris Cedex 02
www.lesechos-editions.fr

La collection « On entend dire que »
est dirigée par Jean-Claude Hazera

Du même auteur :
Ecolocash, Anabet, 2007.
La communication responsable, Eyrolles, 2010

Mise en pages : PCA

© Groupe Eyrolles, 2013
ISBN : 978-2-212-55526-4

SOMMAIRE

L'HEURE DE VÉRITÉ

L'ascension de l'écologie durant les années 2000, marquée par une large sensibilisation du grand public et le Grenelle Environnement en 2007, s'est arrêtée avec l'échec du Sommet de Copenhague sur le climat en décembre 2009. Avec la crise économique, nous sommes entrés dans une phase de déclin. En France, mais aussi dans le monde. Corinne Lepage affirmait en juin 2012 « L'écologie a disparu des écrans radar. » Passée au second plan, controversée, voire rejetée, l'écologie régresse au point que l'on entend dire que « *L'écologie, c'est fini* ».

Ce déclin est loin de faire plaisir à celle qui se lance dans l'écriture de ce livre et qui est personnellement et professionnellement engagée en faveur du développement durable. Il est pourtant essentiel d'en prendre la mesure, d'en dresser le bilan, d'estimer jusqu'à quel point il s'agit d'un trou d'air passager ou d'une rupture plus grave.

Ce bilan sans concession de la situation couvrira un périmètre à la fois français et international. Pour apporter le bon diagnostic, il est également nécessaire de parcourir un champ large et d'aborder les dimensions subjectives de l'opinion publique. À chaque étape de notre enquête, nous dégagerons des signaux faibles, qui indiqueront les tendances à venir.

Nous évaluerons, pour démarrer, le rejet de l'écologie par une partie de l'opinion publique et comprendrons le rôle joué par les dernières élections présidentielles. Le volet politique sera ensuite investigué. Nous constaterons le recul de la politique à la fois nationale et internationale, en matière de climat et d'énergie, mais noterons la croissance de la thématique de la biodiversité dans les agendas politiques. Nous, consommateurs, serons ensuite passés au crible. L'impact de notre consommation sur l'environnement ne cesse de s'aggraver, en dépit de notre plus grande consommation de bio. D'autres tendances de la consommation viennent changer la donne, comme la consommation collaborative ou le Made in France, qui ont des vertus écologiques. Notre analyse du traitement de l'écologie dans les médias et la culture, qui influencent nos comportements et opinions, donnera des explications à ce recul. Viendra ensuite le champ des entreprises. Nous verrons qu'il est impossible de les regrouper dans un même mouvement. Un groupe de pionniers d'un côté et de « mauvais joueurs » de l'autre, dessinent aujourd'hui deux tendances opposées. En dépit d'acteurs motivés et des attentes d'une nouvelle élite de jeunes diplômés, l'activité économique a un impact de plus en plus négatif sur l'environnement. Le cœur du dispositif sera finalement atteint avec la question des énergies renouvelables, car elles sont au croisement des grands enjeux écologiques et de la compétitivité. Force sera de constater le blocage dont elles sont victimes pour la plupart d'entre elles, que nous tenterons d'analyser.

Après ce tour des différents champs, nous décrirons et mettrons en perspective les enjeux écologiques actuels. Outre l'aggravation de la crise climatique, la combinaison de différents risques globaux dessine une «grande menace» vis-à-vis de laquelle l'écologie joue un rôle en tant que solution. Lors de cette dernière étape, nous verrons que l'écologie politique, aujourd'hui en déclin, laisse la place à d'autres formes d'écologie avec de nouveaux atouts pour créer à nouveau une adhésion du public. Selon l'auteur, une nouvelle écologie sera bientôt de retour sur le devant de la scène…

Mais avant de commencer, il est nécessaire de préciser de quelle écologie, parmi l'ensemble de ses définitions, nous parlons dans ce livre et d'apporter la plus grande transparence possible sur les éventuelles positions idéologiques sous-jacentes de ce livre.

L'écologie a de multiples définitions, de l'écologie scientifique, branche de la biologie consacrée à l'étude des écosystèmes, à l'écologie politique. Plus largement, l'écologie est devenue synonyme de protection de l'environnement. Elle est également l'une des composantes du «développement durable». Le livre couvrira l'ensemble de ces approches et définitions.

L'auteur fait partie de ceux qui considèrent le réchauffement climatique comme une donnée sans précédent de l'histoire de l'Humanité, qui nécessite des solutions structurelles et conséquentes, tant du côté de l'adaptation que de la lutte contre une aggravation, mais s'érige contre des solutions planificatrices. L'auteur défend une position anthropocentriste, dans laquelle il s'agit de préserver la nature «pour soi» et pas uniquement «en soi», par exemple pour les intérêts économiques des individus et des nations.

Chapitre 1

LE RECUL DU VERT EN POLITIQUE ET DANS L'OPINION PUBLIQUE

Trois années de déclin

En mars 2010, la déclaration du président de la République Nicolas Sarkozy au Salon de l'Agriculture, « *Je voudrais dire un mot de toutes ces questions d'environnement, parce que là aussi ça commence à bien faire* », résumée par la suite par « *l'environnement, ça commence à bien faire* », a heurté de nombreux écologistes et conforté ceux qui ressentaient un même « ras-le-bol ». Elle annonce une mise à distance de l'écologie après une période glorieuse, marquée par le Pacte écologique de Nicolas Hulot, le Grenelle Environnement, le succès d'Europe Écologie aux élections européennes de juin 2009, l'écho international du film *Home* du photographe Yann Arthus-Bertrand…

Ce changement d'attitude démarre dès la fin 2009, avec la conjonction simultanée de quatre événements : l'échec du Sommet de Copenhague, la médiatisation d'accusations contre des scientifiques du GIEC (groupe d'experts intergouvernemental sur l'évolution du climat), le premier essoufflement du

Grenelle Environnement, enfin la stigmatisation du *greenwashing*[1] dans les publicités. Depuis 2009, cette tendance à la baisse ne fait que s'alourdir.

Deux ans et demi plus tard, en juin 2012, le retentissant échec du Sommet de la Terre Rio +20, consacré à la lutte contre le réchauffement climatique et la chute de la biodiversité, confirme ce déclin. Le document final de Rio +20, «Le monde que nous voulons», est jugé à l'unanimité creux et sans objectifs concrets, compilant de simples «bonnes intentions». L'espoir d'une «gouvernance mondiale» pour résoudre les problèmes écologiques mondiaux semble s'enliser et laisser place au sentiment d'impuissance, qui est l'une des racines du rejet.

Entre-temps, la succession de controverses médiatisées sur le bio, les OGM, le réchauffement climatique, le gaz de schiste, le nucléaire, a conduit les Français à douter du bien-fondé des propositions écologiques. Quatre-vingts pourcent du Panel Havas-Mondadori 2012 (Étude «Écologie : un peu, beaucoup ou pas du tout ?» Havas – Groupe Mondadori) affirment qu'en matière d'écologie «*il y a des contradictions sur certains sujets, on ne sait pas ce qui est vrai*». Les changements d'avis des écologistes eux-mêmes sur certains sujets, par exemple les biocarburants (salués au départ puis finalement rejetés, car prenant des surfaces destinées à l'alimentation), les véhicules hybrides (écologiques au départ, puis incriminés, car non éco-conçus), le bio (fiable au départ, puis dénoncé pour le laxisme de

---

1. Entreprises s'énonçant dans leur publicité plus vertes qu'elles ne sont.

certains labels), les ampoules *fluo-compactes* (moins consommatrices d'énergie, mais finalement incriminées pour leur contenance en mercure et leurs radiations électromagnétiques pouvant affecter la rétine), ont déstabilisé l'opinion publique.

Par ailleurs, la crise économique, remontant dans la liste des priorités de l'économique et du social, a participé également au recul de l'environnement, dans une perception antinomique de ces deux univers. Le nucléaire, avec la fermeture de la centrale de Fessenheim – engendrant des licenciements –, le gaz de schiste, prometteur en termes d'emplois, l'industrie automobile, dont les emplois sont menacés, deviennent des enjeux d'opposition entre les sphères sociale et environnementale. Au travers des controverses, l'écologie apparaît comme un ennemi possible de la croissance et de l'emploi.

La «victoire» de l'ex-magistrate devenue femme politique Eva Joly au détriment de Nicolas Hulot, l'écologiste le plus célèbre de France, aux primaires d'Europe Écologie Les Verts (EELV), a également cristallisé aux yeux de l'opinion publique l'image d'une écologie «perdante». Pire, pour un nombre croissant de Français, l'écologie est aujourd'hui perçue sous l'angle de la radicalité. Le «dogmatisme» qu'on lui prête aboutit à une écologie jugée «dangereuse» aux yeux de certains. Réduite à ses «ultras», elle se retrouve fustigée par des intellectuels médiatisés. Après la philosophe Élisabeth Badinter, dénonçant les couches lavables en 2010, le romancier et essayiste français Pascal Bruckner publie en 2011 un pamphlet, *Le fanatisme de l'Apocalypse – Sauver la Terre, punir l'homme* (Grasset-Fascelle), attaquant à boulets rouges la dimension «punitive» de l'écologie. Jusqu'ici proches des écologistes, les intellectuels médiatisés «post-68» clament désormais haut et fort leur exaspération.

Finalement, l'écologie est déclassée. La préoccupation concernant la dégradation de l'environnement retrouve dès 2011 sa place de 2005, en sixième position après le chômage, la pauvreté, les maladies graves, l'insécurité, selon l'étude sur les «Conditions de vie et aspirations des Français» (Crédoc-SOeS 2011) commanditée par le Commissariat général au Développement durable (CGDD). Pour se convaincre que l'environnement n'est pas important, l'opinion croit plus que jamais qu'il n'est pas un problème. Le repli à l'échelle nationale et au court terme dû à la crise range l'environnement dans les problématiques globales et internationales «non prioritaires». Plus l'on regarde près de chez soi, plus l'on considère que l'environnement va bien. Seuls 5 % des Français jugent l'environnement mauvais dans leur commune. 16 % seulement le jugent mauvais en France. Mais 59 % le déclarent mauvais dans le monde. Or le reste du monde devient secondaire en période de crise…

Opinions des ménages sur l'état global de l'environnement

	Bon (en %)	Moyen (en %)	Mauvais (en %)	Ne se prononce pas (en %)
Commune	58	36	5	1
France	18	63	16	3
Monde	2	33	59	6

Source : SOes-Ipsos, Enquête sur les pratiques environnementales des ménages, novembre 2010-janvier 2011

AUX ÉTATS-UNIS, UNE TENDANCE SIMILAIRE À LA BAISSE

Dans les pays occidentaux, l'environnement est également à la baisse, en particulier aux États-Unis. Comme le démontre l'étude Green Gauge 2011, de « très grave et prioritaire » en 2008, l'environnement devient « assez grave, mais il y a d'autres enjeux plus importants » depuis 2009.

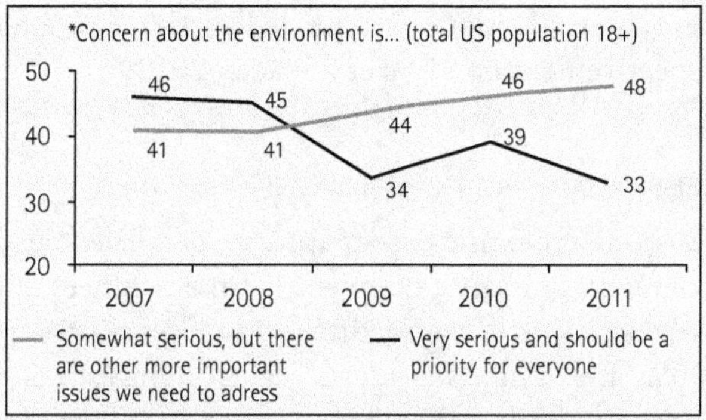

Source 2011 Green Gauge US Report

Une autre étude révèle l'évolution de plusieurs segments de population aux États-Unis au sujet de la question du réchauffement climatique, des plus réticents aux plus engagés : les alarmés, les concernés, les prudents, les désengagés, les dubitatifs et les dédaigneux. Les « contre ou plutôt contre », à savoir les prudents, désengagés, dubitatifs et dédaigneux, représentent 61 % des Américains en 2012. Les « pour » sont donc devenus minoritaires à 39 %, alors qu'ils étaient majoritaires en 2008, à 51 % (étude « Global Warming's Six Americas », 2012, Yale Project on Climate Change Communication, Yale University et George Mason University Center for Climate Change Communication).

Le grand perdant, dans ce mouvement de recul généralisé, est le réchauffement climatique. Il devient deux fois moins préoccupant pour les Français en deux ans seulement, passant de 34 % en 2008 à 16 % en fin 2010, selon l'Insee. Début 2012, le réchauffement climatique est la « première préoccupation » de seulement 12 % des Français et la seconde préoccupation pour 15 % d'entre eux, selon l'étude Ethicity-ADEME-Aegis « Les Français et la consommation responsable ». Ces scores, identiques à ceux de l'année 2011, étaient respectivement de 21 % et 23 % en 2010.

Naissance des « anti-écologistes »

Les « anti-écologistes » sont apparus parallèlement à la montée en puissance du sujet à la fin des années 2000. Ils bénéficient d'une médiatisation croissante depuis 2009. En témoigne le succès d'ouvrages comme *Le fanatisme de l'Apocalypse – Sauver la Terre, punir l'homme*, cité plus haut, ou *Écologie, la fin* (Éditions Toucan, 2012) de Christian Gerondeau. Le mouvement « anti-écologiste » comprend environ un Français sur cinq. Les personnes se déclarant « sceptiques » vis-à-vis de l'écologie constituent 17 % de la population, selon l'étude CGDD SOeS-Ipsos 2011 (« Enquête sur les pratiques environnementales des ménages »). Plus largement, les Français ayant une position « sceptique ou indifférente » comptent pour 30 % de la population en 2012 selon l'étude Ethicity-ADEME-Aegis « Les Français et la consommation responsable ».

Les écologistes visés, qu'ils soient des politiques ou des militants d'ONG, sont accusés de manquer de mesure dans leurs discours et dans leurs propositions. D'«il faut sauver la planète» en passant par «vous avez peut-être tué une tortue» (en acceptant un sac plastique), on leur reproche un discours jugé moralisant, contraignant, exagéré, dirigiste, anxiogène et anti-progrès. Les «anti-écologistes» rejettent ce qu'ils perçoivent comme une radicalité de la défense de la nature pouvant aller jusqu'à défendre une «suprématie de la nature», et jeter un regard négatif sur l'action de l'homme sur Terre.

Les «anti-écologistes» se définissent en opposition aux valeurs qu'ils attribuent aux écologistes.

Valeurs écologistes	Vs	Valeurs anti-écologistes
Avenir	Vs	Présent
Collectif	Vs	Individuel
Pessimisme	Vs	Optimisme
Restriction	Vs	Consommation
Besoin	Vs	Désir
Ascétisme	Vs	Confort
Devoir	Vs	Plaisir
Austérité	Vs	Esthétique

Pascal Bruckner, représentatif de cette mouvance, accuse ainsi EELV dans *Le Figaro Magazine* du 6 avril 2012 d'avoir une idéologie «*fondée sur la peur, le chantage à la catastrophe, l'appel à la privation, la culpabilité des citoyens*». Pour lui «*le défaut de l'écologie politique est qu'elle donne l'impression d'être le parti du non. Vous vous opposez à tout, à l'atome, au pétrole, aux poids lourds, au TGV, à l'avion, aux voitures, au gaz de schiste, finalement, que reste-t-il?*».

Le blogueur Christian Laurut publie en août 2011 son «manifeste anti-écologiste», accusant frontalement les écologistes de dogmatisme: «*La pensée écologiste s'est abattue comme une chape de plomb sur notre société industrielle et ne souffre pas la contradiction.*» Ce manifeste dénonce le jugement critique des écologistes sur la société actuelle: «*Nous affirmons vivre dans la plus fabuleuse civilisation que l'homme ait jamais érigée, la plus libre et la plus opulente. Cette civilisation relativement tolérante permet même à tout un chacun de vivre selon les principes écolos, c'est-à-dire manger bio, se déplacer en vélo, se chauffer au bois et s'éclairer à la bougie. Nous ne nions pas les quelques dégâts collatéraux créés par cette civilisation, mais estimons qu'ils sont peu de chose par rapport aux désastres engendrés par les inutiles boucheries napoléoniennes ou les massacres des invasions barbares.*»

Le rejet du caractère excessif concerne également l'écologie «bisounours», avec ses représentations paradisiaques de la nature et de la sauvegarde de l'environnement, ses farandoles d'animaux ou de slogans décorés de coccinelles, le tout de couleur verte, ainsi que ses discours enthousiastes comme celui de Serge Orru, ancien directeur du WWF, publié dans le quotidien gratuit *20 Minutes* le 27 juin 2012 à la suite du Sommet de Rio +20: «*Si nous devenions des écolos joyeux? Imaginons que les gaz à effet de serre deviennent des gaz à effet de rêves! (…) La vie est belle et notre planète magique est à préserver absolument pour nous et nos enfants chéris. Oui à l'écosystème! Non à l'ego-système!*»

Quel est le profil type de l'anti-écologiste? Il est principalement masculin, âgé, faiblement diplômé, vivant en famille dans une maison avec jardin. Par ailleurs, les «indifférents», qui veulent consommer sans entraves et sans influence écologique, regroupent également majoritairement des hommes, mais plus jeunes, plus diplômés, avec de hauts revenus, urbains et célibataires[2].

LES PLUS RÉFRACTAIRES

En France, il y aurait 7 % d'«anti-écolos»[3]. Pour 88 % d'entre eux, l'écologie est surtout une idéologie; 75 % pensent également que le bio est «un mensonge et un simple argument marketing» et 79 % que le développement durable est «un luxe de pays riches». Pour huit sur dix d'entre eux, l'écologie n'influence pas leur quotidien, 91 % achètent «jamais ou rarement» des produits biologiques, 83 % ne privilégient «jamais ou rarement» les transports en commun ou doux et 74 % ne privilégient «jamais» les voitures les moins émettrices en CO_2. Pourtant, ils trient leurs déchets, pour 70 % d'entre eux. Le noyau dur du rejet est l'écologiste. Pour eux, il a tous les défauts: idéaliste, moraliste, opportuniste, ringard et bobo. Pour les trois quarts d'entre eux, il faut consommer, car «consommer soutient la croissance», et le futur n'est pas anxiogène, car les générations futures «s'adapteront aux problèmes écologiques, comme l'Homme l'a toujours fait grâce au progrès technique».

---

2. Sources: «Enquête sur les pratiques environnementales des ménages», Institut Ipsos – CGDD SOeS 2011, Panel Havas – Groupe Mondadori 2012, études Ethicity-ADEME-Aegis «Les Français et la consommation responsable» et «Typologie des Français» 2012 et 2011.
3. Source: Panel Havas-Mondadori.

La tendance réfractaire est de nature rhizomatique. On retrouve ses opinions, attitudes ou réflexes à différentes échelles de la société. Ces traits «anti-écolo» parsemés dans la collectivité démontrent l'héritage culturel de la période faste des trente glorieuses, dans laquelle la prospérité semblait ne pas avoir de conséquences négatives, où le chômage était quasi inexistant et où la consommation était synonyme de bonheur. Ces traits révèlent également un réflexe à la fois normal et humain face à une mauvaise nouvelle, qui consiste à la minimiser, tout simplement pour continuer à vivre sans une trop grande culpabilité. L'écologie rompt un rêve, une insouciance, une confiance, en annonçant abruptement que l'homme a déréglé le climat et les écosystèmes, avec des conséquences se comptant sur une échelle géologique. Prendre conscience d'une telle nouvelle ne peut se faire facilement, d'autant que la réponse ne peut être individuelle, ce qui fonde, de surcroît, un sentiment d'impuissance.

CAMPAGNE PRÉSIDENTIELLE 2012 : L'ÉCOLOGIE HORS JEU

La campagne présidentielle de 2012, avec la candidature d'Eva Joly pour EELV, a joué un rôle important dans la perte de vitesse de l'écologie. Le «Présidoscope» Ipsos – *Le Monde* révèle dès la fin janvier, soit trois mois avant le premier tour, le mauvais accueil de la candidate par les Français : 75 % ne la trouvent pas sympathique, 78 % la jugent non compétente et éloignée de leurs problèmes et 91 % la considèrent dépourvue de stature présidentielle. Pire,

73 % déclarent que la candidate leur a « déplu » durant les dernières semaines. La veille du premier tour, l'Institut Ipsos donne un diagnostic sans appel : la division par trois des intentions de vote pour Eva Joly, passant de 7,5 % en juin 2011 à 2,5 % en avril 2012. L'insistance sur ses caractéristiques physiques, lunettes, accent, ou coupe de cheveux, davantage que sur ses remarquables caractéristiques morales, a joué en sa défaveur. Eva Joly elle-même, développant des arguments sociétaux éloignés de l'écologie (jours de congés pour Yom Kippour et l'Aïd-el-Kebir, démilitarisation du défilé du 14 juillet, dépénalisation du cannabis, mariage homosexuel, etc.) a contribué à fragiliser sa thématique. Si pour une minorité de Français déjà convaincus de l'écologie, un projet politique et de société pouvait logiquement découler d'une posture écologique, la majorité en a mal compris la logique et a tendu à y voir une dérive permissive ou une démarche pro-communautariste. À la déception des Français face à la candidate s'est ajoutée la perception du manque de solidarité vis-à-vis d'elle au sein du parti, parfois affichée dans les médias, par Daniel Cohn-Bendit ou Yves Cochet pendant la campagne.

Le résultat final d'Eva Joly, 2,5 % des voix, a confirmé l'historique d'insuccès des écologistes aux élections présidentielles sous la Ve République. Pour rappel : 1974, René Dumont 1,3 % ; 1981, Brice Lalonde 3,8 % ; 1988, Antoine Waechter 3,8 % ; 1995, Dominique Voynet 3,2 % ; 2002, Noël Mamère 5,25 % ; 2007, Dominique Voynet 1,6 %. Mais cette fois la déception est d'autant plus forte que l'écologie avait bénéficié d'une forte accélération de sa popularité politique avec le succès de la liste de Daniel Cohn-Bendit aux élections européennes de juin 2009.

Au-delà de la déception à l'égard de la candidate et de son parti peu solidaire envers elle, le recul de l'écologie se manifeste avant tout par son absence des débats. La lutte des deux candidats du second tour, Nicolas Sarkozy et François Hollande, ne s'est pas jouée sur le terrain de l'écologie. Nicolas Sarkozy, handicapé par sa déclaration « *l'environnement ça commence à bien faire* », et François Hollande n'ayant de son côté ni historique d'engagement, ni intérêt personnel et pas de proposition structurante sur le sujet, se sont affrontés autour du trio « croissance, consommation, emploi » sur fond de crise économique, à l'exception du nucléaire (Fukushima oblige) et de deux sujets ponctuels : l'aéroport de Notre-Dame-des-Landes et les algues vertes en Bretagne. Cette mise à l'écart du sujet s'est retrouvée dans les intentions de vote. Parmi les enjeux déterminants ayant incité les Français à choisir leur candidat, l'environnement ressort en dernière position, bien après les enjeux de réduction des inégalités sociales, du chômage et de la dette, de la réforme de l'éducation, de la préservation du système de santé actuel ou du pouvoir d'achat, selon un sondage Viavoice-Libération réalisé à la veille du premier tour.

Le parti EELV a obtenu plus de dix-huit députés à l'Assemblée nationale, constituant ainsi un groupe parlementaire et obtenant deux ministres, Cécile Duflot et Pascal Canfin. Mais le PS bénéficie de la majorité absolue, ce qui freine le pouvoir des écologistes, en témoigne le cas de l'aéroport de Notre-Dame-des-Landes. Les désaccords internes aggravent l'image d'EELV, en dépit d'eurodéputés charismatiques comme Daniel Cohn-Bendit ou Michèle Rivasi. Par ailleurs, Jean-Luc Mélenchon a compris tout l'intérêt, en période de crise, à intégrer l'écologie à partir du social et non l'inverse, faisant ainsi une concurrence directe à EELV avec son principe d'«éco-socialisme».

GRENELLE ENVIRONNEMENT : AU RALENTI

Le Grenelle Environnement, lancé au printemps 2007 sous la présidence Sarkozy, réunissait pour la première fois l'État et les représentants de la société civile, afin de définir une feuille de route en faveur de l'écologie, du développement et de l'aménagement durables. Le Grenelle a joué un rôle historique en France dans l'avancée de l'écologie sur le plan légal, avec la loi de programmation, dite Grenelle I, dont les objectifs ont fixé un cadre de référence, et la loi portant l'engagement national pour l'environnement, dite Grenelle II, dont les deux cent cinquante-sept articles tirant les conséquences pratiques du Grenelle ont nécessité un an et demi de débats.

Où en est-on actuellement ? La mise en œuvre du Grenelle Environnement ralentit, pour des raisons à la fois administratives, financières et culturelles. Le Conseil économique, social et environnemental (CESE) a publié en février 2012 un premier bilan d'étape (« Bilan du Grenelle Environnement : pour un nouvel élan »), qui souligne, entre autres, des difficultés d'ordre administratif. La mise en œuvre du Grenelle nécessite environ cent quatre-vingt-dix-sept décrets, soit au total près d'un millier de textes réglementaires. Toujours selon ce bilan, l'application du Grenelle Environnement a rencontré également des difficultés dans les territoires, sans compter le rôle de la crise économique « conduisant à retarder des mesures soit dans la perspective de jours meilleurs, soit pour privilégier des positions harmonisées au niveau européen ». De son côté, Bertrand Pancher, député UMP de la Meuse et coauteur à l'Assemblée d'une note d'étape sur la mise en œuvre de la loi Grenelle II, a donné une quinzaine d'exemples de mesures se heurtant à des difficultés de mise en œuvre et regrette que les indicateurs soient trop souvent des indicateurs de moyens et non de résultats. Concernant par exemple l'objectif de réduction de la consommation d'énergie dans les bâtiments existants d'au moins 38 % d'ici à 2020, les indicateurs portent, regrette-t-il, sur le nombre d'éco-prêts distribués et sur le crédit d'impôt développement durable, et non sur les économies d'énergies obtenues.

Le coût du Grenelle joue également contre lui, surtout en période de crise économique. La Cour des comptes a souligné en janvier 2012 les déséquilibres de son volet fiscal : alors qu'il devait initialement être équilibré, il a engendré un coût de 2,5 milliards d'euros pour l'État. Une situation qui pourrait être facilement renversée en changeant de politique fiscale, estime cependant Guillaume Sainteny, économiste et maître de conférences à Polytechnique, et auteur du rapport « Les aides publiques dommageables à la biodiversité » du Centre d'Analyse Stratégique (2011).

GRENELLE DE LA MER DE 2009 : L'ARCHIPEL FRANCE, UN CONCEPT DÉJÀ OUBLIÉ

L'Archipel France fut l'idée la plus visionnaire et porteuse du Grenelle de la Mer de 2009, qui *« complète les engagements du Grenelle Environnement qui concernent la mer et le littoral »*, selon le site officiel du Grenelle Environnement. À l'heure où la France possède le deuxième territoire maritime au monde, où la mer est au cœur des réponses alimentaires, énergétiques et stratégiques de demain, l'Archipel France vise à *« donner à la France toute sa dimension de par la richesse et le potentiel considérable de l'Outre-mer »* et d'*« aller vers une nouvelle manière de penser et d'agir, car l'Archipel France débouche sur une méthodologie opérationnelle d'action mettant en place une grande stratégie maritime de développement durable, porteuse d'emplois nouveaux. »*, selon la même source. L'enterrement de cette idée démontre la difficulté à appréhender une responsabilité globale.

Quant aux transformations promues par le Grenelle Environnement, leur réalisation est loin d'être atteinte. L'inspecteur général des finances Thierry Wahl, auteur d'un document d'étape du Grenelle en juillet 2012, a analysé la performance de soixante-neuf indicateurs de résultats du tableau de bord du Grenelle et compare les objectifs et leurs réalisations actuelles. Si certains indicateurs sont atteints, comme pour les déchets, les performances concernant les énergies renouvelables sont, elles, très en retard. Le tableau ci-après, réalisé par *Les Échos* à partir de ce rapport, pointe quatre indicateurs n'ayant pas rempli leur objectif.

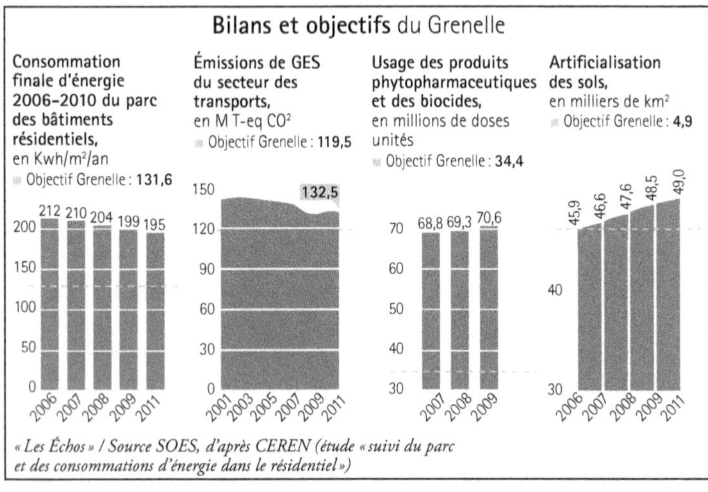

Source : Les Échos

La Conférence Environnementale de septembre 2012, dont l'objectif était, entre autres, de faire le point sur le Grenelle Environnement, a contribué au recul de certains objectifs, comme la part d'agriculture biologique, initialement fixée à 20 % d'ici 2020, aujourd'hui descendue à 7 %. Le débat actuel sur la transition énergétique devrait également avoir une influence sur les objectifs du Grenelle.

LES ÉCO MAIRES, UN FACTEUR D'ESPOIR

Les Éco Maires (Association Nationale des Maires et des Élus Locaux pour l'Environnement et le Développement Durable) fédèrent et agissent pour et avec près de mille neuf cents communes ou ÉPCI (établissements publics de coopération intercommunale). Les maires fondateurs de l'association se sont regroupés en 1989 pour afficher, en dehors de tout clivage partisan, leur volonté de placer l'environnement au cœur de leurs préoccupations d'élus de terrain. Ils représentent aujourd'hui une dynamique structurante, autour d'un vivier de bonnes pratiques et d'actions exemplaires, aussi bien en matière de transport que de tri des déchets, développement d'éco-quartiers, alimentation biologique, aménagement urbain, etc. La dynamique des collectivités locales, soutenue par des maires engagés et des Agendas 21[4] ambitieux, joue un rôle clé dans l'avancée de l'écologie et du développement durable en France. Paris, mais également Rennes, Nantes ou Bordeaux sont des exemples parlants.

GOUVERNEMENT AYRAULT : VERS UNE ÉCOLOGIE NORMALE ?

Les premiers mois du gouvernement de Jean-Marc Ayrault dénotent un intérêt modéré pour les questions d'écologie, en dépit de la nomination de deux ministres «verts», Cécile Duflot et Pascal Canfin. Le ministère de l'Écologie a cessé d'être un ministère d'État. La première ministre de l'Écologie, Nicole Bricq, a été remplacée en plein Sommet de Rio +20, moins de deux mois après sa nomination, par Delphine Batho, sans expérience en matière

___
4. Plan d'action pour le XXIe siècle.

d'environnement. Dès le mois d'août, le ministère de l'Écologie, comme d'autres, apprend une baisse de ses effectifs : moins 614 postes en 2013… Pour un petit ministère, cela compte. Bertrand Pancher décrit l'écologie dès mai 2012 dans « Le Plus » du *Nouvel Obs*, comme la « *grande absente du gouvernement Ayrault* ».

Guillaume Sainteny porte en septembre 2012 pour la publication en ligne spécialisée « actu-environnement » un regard critique sur les premières actions du gouvernement en matière d'énergie : « *Certaines décisions prises depuis juin ne sont pas favorables à l'environnement. Tout d'abord, il y a eu le plafonnement à 2 % de la hausse des tarifs réglementés du gaz naturel et de l'électricité, décidé en juillet malgré un avis défavorable de la Commission de régulation de l'énergie (CRE). C'est une forme déguisée de subvention à l'énergie. Le signal prix est entravé. Cela incite moins aux économies d'énergie et rend moins rentables les travaux de rénovation énergétique et les énergies renouvelables. Idem pour la baisse de 3 centimes de la taxe sur les carburants (TICPE) annoncée fin août. Cette mesure est, de plus, une "anti taxe carbone", puisqu'elle revient à alléger la taxation du CO_2 que constituent les taux de TICPE. Elle est, en outre, contradictoire avec le plan automobile présenté par Arnaud Montebourg, visant à inciter à l'achat de véhicules électriques et hybrides, via le bonus-malus. Pour que cette incitation fonctionne, il faut que le différentiel entre le coût complet (achat + consommation de carburant) des véhicules électriques ou hybrides et le coût complet des véhicules, diesel ou essence, se réduise. Le plan automobile allait en ce sens. Mais* *si trois semaines après, on baisse le coût des carburants fossiles, on envoie bel et bien deux signaux prix contradictoires au consommateur.* » S'il existe une motivation, elle souffre donc, selon cet expert, de contradictions.

La Conférence environnementale de la mi-septembre 2012 a eu pour objectifs selon le gouvernement d'« *arrêter la méthode du grand débat national sur la transition énergétique, qui contribuera à l'élaboration en 2013 d'un projet de loi de programmation* » et de définir « *la méthode et les objectifs des débats sur la biodiversité qui pourraient déboucher sur une loi-cadre en 2013* ». Les analyses divergent sur le succès de cette conférence. D'un côté, des avancées ont été saluées par les écologistes, comme l'interdiction du gaz de schiste, la fermeture de la centrale nucléaire de Fessenheim, les projets de création d'une agence nationale de la biodiversité, d'une taxe carbone aux frontières européennes, la rénovation thermique d'un million de logements par an, la limitation de l'étalement urbain, la consommation des voitures de 2 litres au 100, l'annonce d'un grand appel d'offres fin 2012 sur le solaire, la simplification du droit de l'environnement favorable aux énergies renouvelables, etc. De l'autre, les décisions sont jugées conjoncturelles, prises dans le but d'apaiser les écologistes, et insuffisamment chiffrées ou détaillées. Pour le Collectif 07 Stop au Gaz de Schiste, des dizaines d'autorisations auraient déjà été accordées pour l'exploration du gaz de schiste, sous le classement «hydrocarbures classiques». Les deux décisions les plus fortes de cette conférence, la fermeture de la centrale de Fessenheim et les refus d'exploitation du gaz de schiste, ont immédiatement créé un débat sur leurs conséquences en termes d'emploi. De l'éditorial du *Figaro* «Écologiquement correct, économiquement incohérent» à la couverture du magazine *Challenge* «Le miracle du gaz de schiste», les suites de la conférence créent des débats houleux, le patronat défendant une position «pro-gaz de schiste». Plus que jamais, le social et l'environnement paraissent dos à dos, au détriment de l'environnement. Éloi Laurent, économiste senior à l'OFCE, professeur à Sciences Po et à l'université américaine de Stanford, nous confie: «*Il faut cesser d'arbitrer entre le social et l'environnement. Comprenons que la notion même d'arbitrage entre les deux est un non-sens. Aujourd'hui, la question sociale est brandie comme un étendard contre la protection de l'environnement. On a su créer un lien positif entre économie et écologie à travers l'économie verte, il est temps que le même couplage se fasse entre social et écologie. L'écologie seule est vouée à l'échec.*»

Dans le projet de loi de finance (PLF 2013), présenté fin septembre 2012, le ministère de l'Écologie ne fait pas partie des priorités de 2013, axées sur l'éducation, la sécurité et la justice. La mission «Écologie, développement et aménagement durables» voit son budget passer de 8 milliards d'euros en 2012 à 7,64 milliards (environ 2,44 % du budget global) en 2013, soit une baisse de 4,5 %, puis à 7,28 milliards en 2014 et 7,08 milliards en 2015. Par ailleurs, alors que le PLF 2013 prévoit une augmentation des prélèvements obligatoires de 20 milliards, les nouvelles mesures de fiscalité écologique et de malus ne représentent que quelques dizaines de millions d'euros, un montant qui ne permet pas de rattraper le niveau moyen de la fiscalité écologique européenne. L'association France Nature Environnement affiche son mécontentement dans le média spécialisé en ligne Novethic : *« Les subventions publiques aux activités polluantes n'ont pas été supprimées, ni même commencé à être rabotées. »*

Jean-Paul Chanteguet, président (PSD) de la Commission du développement durable de l'assemblée nationale, confiait début novembre 2012 son amertume et son inquiétude à Gilles van Kote du quotidien *Le Monde*. Le débat national sur la transition énergétique démarré fin novembre 2012, changera-t-il la donne ? Après le départ fracassant de Greenpeace, à la suite de l'annonce de deux poids-lourds du nucléaire dans le comité de pilotage, la nomination de deux éminences hyper compétentes et engagées, Laurence Tubiana, directrice de l'Iddri (Institut du développement durable et des relations internationales) en tant que médiatrice, et l'économiste Alain Grandjean comme président du comité des experts, devrait appuyer les principes d'efficacité énergétique et les énergies renouvelables, aujourd'hui en déshérence, comme nous ne verrons dans le chapitre qui leur sera consacré.

Réussir à faire avancer le débat énergétique nécessite d'interroger les grands indicateurs économiques comme le PIB, dont le prisme freine les paris sur le « monde d'après ». Cédric Ringenbach, directeur du *think tank* The Shift Project, nous confie : *« Aucun gouvernement n'a trouvé le moyen de résoudre la dette, le chômage et les retraites sans la croissance. Aucun ne trouvera tant que l'on confondra croissance et création de valeur et tant que la mesure de la richesse sera le PIB. Pourtant, c'est possible de trouver une autre solution et c'est même comme cela que l'on aboutira à une organisation de société qui en finira avec ses problèmes écologiques.* »

LA QUESTION DU PIB

Comme le montre bien Naïri Nahapétian, du magazine *Alternatives Économiques*, le PIB a été conçu en pleine pénurie d'après-guerre, à un moment où il était, comme au XIXe siècle, prioritaire de répondre aux besoins fondamentaux par un développement industriel essentiellement quantitatif. Le PIB reste donc marqué par ce contexte productiviste, où la croissance matérielle apparaît comme un objectif prioritaire pour notre société. Des caractéristiques aussi importantes que l'accès aux services, leur qualité ou leur utilité sociale ne sont pas prises en compte. En outre, ne considérant que les activités qui peuvent être évaluées en terme monétaire, il ne comptabilise pas non plus le bénévolat associatif, dont le poids ne cesse d'augmenter. Le PIB n'est pas non plus adapté à une société qui se préoccupe des enjeux écologiques, car il ignore les impacts négatifs de la croissance, en particulier les dégâts sociaux et environnementaux. Comme l'explique le philosophe et essayiste altermondialiste Patrick Viveret dans son rapport « Reconsidérer la richesse » (2002), le naufrage de l'Erika en 1999 a « produit » de la richesse en entraînant un flux d'activités monétaires (pompage, dépollution, assurances, remplacement du navire, etc.). Pour Alain Grandjean, directeur associé du cabinet

> Carbone 4, « *la croissance du PIB est supposée résoudre tous les problèmes. Or la pression qu'exerce l'Humanité sur la biosphère est grosso modo fonction croissante du PIB mondial, qui se trouve être un bon indicateur... de la destruction planétaire. Le problème n'est donc pas mince : ce qui est considéré comme l'indicateur phare du développement des sociétés humaines nous conduit inexorablement à l'abîme. Il est donc dans tous les cas urgent de tout faire pour "verdir" cette croissance, ce qui suppose a minima, la mise en place d'outils économiques, réglementaires et financiers permettant de faire émerger des comportements et des technologies sobres en ressources et bas-carbone* ». L'économiste Jean Gadrey, Patrick Viveret, mais également le trio d'économistes Amartya Sen, Joseph Stiglitz et Jean-Paul Fitoussi, impliqués dans la réflexion sur des nouveaux indicateurs de richesse, comptent parmi ceux qui jugent la « lunette » du PIB désormais caduque.

L'étude Greendex National Geographic – GlobeScan 2012 montre que les citoyens français n'estiment pas que l'État joue un rôle actif en faveur de l'environnement, contrairement à d'autres pays. C'est dans les pays émergents que les citoyens ont le sentiment que les gouvernements agissent le plus.

Mon gouvernement fait des efforts importants en faveur de l'environnement	Tout à fait d'accord/Plutôt d'accord	Pas du tout d'accord/plutôt pas d'accord	NSP
Chine	36	19	45
Inde	36	20	44
Brésil	25	40	35
Canada	17	47	36
France	**14**	**55**	**21**
Japon	12	39	49

Quelle est l'influence de l'Europe ?

Le volet européen joue à double sens. Si l'Union européenne (UE) est ambitieuse, avec son objectif des « trois fois 20 % » à horizon 2020[5], elle n'est pas perçue comme porteuse d'une véritable dynamique environnementale. Les Français consultés pour l'Eurobaromètre « Attitudes des citoyens européens vis-à-vis de l'environnement » publié en 2008 jugent que l'UE n'agit « pas assez » contre le changement climatique pour 71 % d'entre eux.

L'UE recentre elle aussi actuellement sa politique sur les volets sociaux et économiques, dans une vision compartimentée entre l'écologie et le social, défavorable à l'écologie. Pour autant, le septième Programme d'Action pour l'Environnement (7e PAE), en cours d'examen fin 2012, est appelé à contribuer à « la réalisation des objectifs de la stratégie Europe 2020 pour une croissance intelligente, durable et inclusive, mais doit également aller au-delà, pour ce qui est de la période de mise en œuvre et du champ d'application ».

Le projet d'instauration d'une taxe climatique aux frontières des pays européens sert de jauge à la dynamique environnementale européenne et au rôle précurseur que la France, promoteur de cette solution, pourrait jouer.

---

5. 20 % de réduction des émissions de gaz à effet de serre, 20 % de réduction de la consommation annuelle d'énergie primaire et 20 % d'énergie provenant de sources renouvelables dans la consommation énergétique européenne.

L'ÉCOLOGIE SANS GOUVERNANCE MONDIALE ?

Les grands sommets et conférences sur les questions environnementales, démarrés en 1972 à Stockholm, réunissent aujourd'hui les États du Nord et du Sud afin de définir des solutions communes. Si la prise de conscience des enjeux augmente, la traduction de cette prise de conscience en actions semble, elle, reculer. Cet effet ciseau – accroissement de l'urgence et ralentissement des décisions – participe au recul de l'écologie. Que ce soient les conférences des Nations unies sur le climat, avec le Sommet de Copenhague en 2009, ou sur la biodiversité, avec celui de Nagoya en 2010, ou encore sur l'état de la planète en général, avec le dernier Sommet de Rio +20, le constat est le même : la volonté d'avancer bute sur la difficulté à placer l'environnement en haut des agendas des gouvernements accaparés par la dette, la crise économique, etc. La vision globale permettant de comprendre l'écologie comme un socle sous-tendant les sphères économiques et sociales est écartée au profit d'une vision de « niche » dans laquelle l'écologie est un problème à part, coûteux et complexe.

Le climat sur la brèche

En 2009, les émissions de gaz à effet de serre (GES) dans le monde étaient de 37 % supérieures à 1990, l'année de référence pour le protocole de Kyoto. Deux ans plus tôt en 2007, la publication du quatrième rapport du GIEC donnait des conclusions plus alarmantes que les trois rapports précédents : la probabilité de connaître un réchauffement de plus de deux degrés à horizon 2100 était clairement posée. C'est dans ce contexte que s'est déroulée la quinzième Conférence des parties sur le climat des Nations unies (COP 15) de Copenhague en décembre 2009, appelée « Sommet de Copenhague ». Cette conférence a joué un rôle historique : elle a médiatisé l'urgence du problème climatique en même temps que les difficultés des États à le résoudre. La décision de mettre en œuvre des mesures « pour éviter à tout prix un réchauffement de plus de deux degrés d'ici 2100 » a, certes, été prise et validée par tous les pays participants, mais sans dimension concrète. Agenda, budget, « qui fait quoi » et objectifs, rien n'a été détaillé. Aucun engagement contraignant en vue de l'expiration du Protocole de Kyoto en 2012 n'a été décidé. Fin 2009, le président du GIEC, Rajendra Pachauri, déclarait : « *Le monde développé n'a vraiment rien fait. Le Protocole de Kyoto est reconnu plutôt par sa violation que par l'adhésion aux limites qui ont été fixées.* »

En janvier 2010, immédiatement après le Sommet, les résultats d'un sondage Ipsos montraient que 56 % des Français interrogés pensaient que des mesures seraient prises dans les prochaines années pour freiner le réchauffement climatique, mais 44 % étaient persuadés du contraire.

Après Copenhague, la Conférence des parties sur le climat (COP 16) de Cancun, au Mexique, en 2010, n'a pas réussi à renverser l'impression installée à Copenhague. La suivante (COP 17), à Durban, en Afrique du Sud, en 2011, a illustré à son tour l'immobilisme international, dans un contexte encore aggravé : selon l'Agence Internationale de l'Énergie (AIE), l'objectif phare de pouvoir maintenir une hausse de température inférieure à deux degrés d'ici 2100 est devenu « inaccessible », étant donné l'augmentation continuelle des émissions de GES dans le monde.

Un accord juridiquement contraignant est indispensable à la résolution climatique, dans un contexte où les émissions globales ne cessent d'augmenter. Les COP de Durban et de Doha ont posé un jalon pour une entrée en vigueur d'ici 2020. Monique Barbut, ancienne présidente du Fonds pour l'environnement mondial, affirmait dans *Le Monde* en août 2012 : « *Depuis Copenhague en 2009, la négociation ne porte plus sur les engagements de réduction quantitative des émissions de gaz à effet de serre, alors que c'est ce qui compte. Le problème, c'est que, dans quinze ans, nous disent les scientifiques, il n'y aura plus rien à faire pour empêcher le réchauffement climatique, il sera trop tard.* »

La COP suivante à Doha (Qatar), fin novembre 2012, a tenté d'accélérer cet accord, dans un contexte où la Banque Mondiale annonce dans son document choc paru au même moment, « Baissons la chaleur : pourquoi il faut absolument éviter une élévation de 4 °C de la température de la planète. », expliquant les conséquences désastreuses d'un tel réchauffement, désormais probable. Par ailleurs, la crise économique accélère la perception antinomique entre l'environnement et le social.

Sommet de la Terre Rio +20 : la planète sans volonté

Le Sommet de la Terre à Rio en 2012, vingt ans après celui qui avait déclenché une prise de conscience mondiale des problèmes environnementaux, a démarré avec un diagnostic de l'état de la planète beaucoup plus sombre que les précédents.

Le rapport GEO5 (Global Environment Outlook 5) publié par le PNUE (Programme des Nations unies pour l'environnement) avant le Sommet Rio +20 donne un état des lieux de cinq cents indicateurs environnementaux et sociaux, dont quatre-vingt-dix sont considérés comme prioritaires. Sur ces quatre-vingt-dix, seuls quatre ont enregistré «des progrès significatifs».

L'effet combiné de la disparition des grands prédateurs, des monocultures, des substances polluantes dans la nature et de l'emprise croissante du béton sur les espaces naturels constitue un cocktail inquiétant. Les modifications en cours des écosystèmes sont telles qu'un «changement d'état» de la biosphère (c'est-à-dire un changement du fonctionnement d'un écosystème) devient probable. Jusqu'ici, les changements d'état n'existaient qu'à l'échelle locale, mais le changement de l'usage des terres et le réchauffement climatique sont tels que la question d'un effondrement complet des écosystèmes se pose, selon un article publié dans la revue scientifique *Nature* en juin 2012.

Pourtant, en fin de compte, l'éléphant Rio +20 a accouché d'une souris. Les sujets clés de la conférence – la gouvernance mondiale, l'économie verte, les objectifs du millénaire et les océans – ne font l'objet d'aucune mesure véritablement concrète. Le texte final est jugé décevant par l'ensemble des parties prenantes. Sur son blog, Gilles Bœuf, président du Muséum national d'histoire naturelle, dresse son compte rendu avec son collègue Jean-Patrick Le Duc. Il y fait remarquer que le texte final comporte soixante-quatre « réaffirmons », cent soixante et un « reconnaissons », pléthore de « constatons », « sommes conscients » et « prenons acte », mais seulement cinq « décidons » (dont deux sans grands détails selon lui), et sept « convenons ». Il écrit : « *La plus grande partie de la déclaration finale consiste à réaffirmer des engagements pris à Rio en 1992 ou à Johannesburg en 2002.* »

George Monbiot, célèbre journaliste environnementaliste, va plus loin et écrit dans le quotidien britannique *The Guardian* le 25 juin 2012 : « *Cet échec marque, plus ou moins, la fin de l'effort multilatéral pour protéger la biosphère (...) Abandonner les accords mondiaux ou, plus exactement, l'espoir de les voir modifier substantiellement nos relations avec le monde naturel, est presque un soulagement. Cela signifie tourner la page de décennies de colère et de frustration.* » En somme, la société civile acterait la démission des États et y trouverait une source de vigueur en se percevant comme « seule solution » à la crise.

La Conférence des parties des Nations unies consacrée à la biodiversité à Hyderabad (Inde) en octobre 2012 a démontré pourtant une nouvelle motivation sur le sujet. Elle prend place six mois après Rio +20, avec une situation encore aggravée : la Liste rouge de l'Union internationale pour la conservation de la nature (UICN), qui comprend soixante-cinq mille cinq cent dix-huit espèces, dont près du tiers (vingt mille deux cent dix-neuf) est menacé d'extinction, s'est vue rallongée en six mois de quatre cents végétaux et animaux. Elle a profité de l'impulsion de la conférence précédente, à Nagoya en 2010, qui avait dégagé des avancées majeures, comme la création d'un réseau d'espaces protégés couvrant au moins 17 % de la surface terrestre et 10 % des océans, et la création d'un IPBES (Intergovernmental Platform on Biodiversity and Ecosystem Services), conçu sur le même modèle que le GIEC, dont l'objectif est de publier des rapports internationaux tous les quatre ou cinq ans. À Hyderabad, les «vingt objectifs d'Aichi», qui visent une nature préservée, ont été repris et le budget alloué à la biodiversité est doublé à horizon 2015, passant à 12 milliards de dollars. Arrivé au Bhoutan après la conférence d'Hyderabad, Pavan Sukhdev, célèbre expert auteur du rapport du même nom sur les services rendus à l'homme par la biodiversité, note sur son blog le 22 octobre 2012 : « *Ici, au Bhoutan, la biodiversité est partout autour de vous, abondante, saine. Les gens l'aiment et la respectent. C'est le genre de monde que ces vingt objectifs d'Aichi cherchent à atteindre. Ici, il n'y a pas de milliards à soulever pour le financement de cette conservation de la biodiversité. Elle est ancrée dans la culture et l'histoire de la Terre.* » On touche ici l'une des raisons du faible ancrage de l'écologie dans les opinions des pays riches : les meilleures leçons écologiques proviennent de contrées que nos pays riches pensent avoir «dépassées».

Chapitre 2

NOTRE CONSOMMATION : LE BIO N'ARRÊTE PAS LE CARBONE

L'ÉCO-CONSOMMATION : UN IDÉAL QUI S'ÉLOIGNE

Nous sommes désormais bien loin du consommateur « responsable » qui avait été glorieusement annoncé dès le début des années 2000 avec le phénomène « No Logo » et l'émergence de nouvelles « tribus » comme les créatifs culturels, les consomm'acteurs et les bobos. Il y a dix ans, les spécialistes des tendances et modes de vie annonçaient que le consommateur allait à coup sûr devenir « citoyen » dans ses achats et qu'il n'hésiterait pas à abandonner une marque manquant de responsabilité environnementale ou sociale. En 2012, la prophétie est tombée à l'eau. Si les consommateurs n'ont jamais cessé de dire qu'ils choisissaient des produits écologiques aussi souvent que possible et d'assurer que le critère environnemental comptait dans leurs achats, les intentions ne se sont pas concrétisées par l'action. En témoignent les parts de marché souvent inférieures à 2 % des produits de niche dits « responsables ». Apple n'a jamais autant vendu de produits en dépit des scandales successifs concernant les conditions de travail chez ses fournisseurs en Chine et les substances toxiques contenues dans ses produits, et la consommation n'a jamais été autant « carbonée ».

Outre le manque de motivation des consommateurs, le contexte n'a pas aidé. La société ne s'est jamais autant définie par la consommation, réconfortante en période de crise, et n'a jamais été autant interpellée par des nouveautés renouvelées à un rythme accéléré. La dévalorisation des marchandises s'est accélérée par la gratuité (presse, promotions, etc.), le jetable et l'obsolescence programmée des produits. Les produits bon marché importés d'Asie ont accéléré une « *fast fashion* » déjà très puissante, changeant la mode tous les deux mois avec de gros budgets publicitaires. Par ailleurs, des produits écologiques, comme les ampoules basse consommation, ont creusé le porte-monnaie des ménages, ce qui ne les a pas rendus très populaires. Enfin, les campagnes de l'ADEME (Agence de l'Environnement et de la Maîtrise de l'Énergie), « Faisons vite ça chauffe » ou « Réduisons vite nos déchets, ça déborde » n'ont pas su mobiliser collectivement.

Éco-gestes : des progrès pas toujours mesurés

Du côté des gestes environnementaux du quotidien, autrement appelés « éco-gestes », la contribution individuelle à la lutte contre les problèmes environnementaux piétine depuis 2005 et encore plus depuis 2010, date du fléchissement de l'intérêt pour la thématique. Seuls le tri et l'économie d'eau se maintiennent et augmentent en tant que contribution individuelle à l'environnement. Les Français déclarent ne pas agir contre le bruit ou les risques nucléaires ni pour la réduction de la pollution de l'air, la prévention des risques naturels, le développement de technologies propres, la protection des paysages, le sauvetage de la faune et de la flore, ou la lutte contre la pollution de l'eau, d'après l'étude Credoc – CGDD SOeS 2011 « Conditions de vie et aspirations des Français ». Pour autant, le bilan n'est pas totalement négatif. Il suffit de regarder autour de soi pour se rendre compte que les comportements passés, comme jeter un cendrier plein sur la route ou une canette dans un bas-côté, ne sont plus dominants. Sur une plage, après l'heure du déjeuner, les poubelles sont pleines. Ce qui semble naturel aujourd'hui ne l'était pas il y a encore quelques années. Une mutation s'est produite. Est-elle suffisante au regard des enjeux ? Non.

Les Français... toujours « beaux parleurs »

L'étude Greendex de National Geographic et GlobeScan, publiée en 2012, compare le dire et le faire en matière de consommation et de comportements écologiques dans dix-sept pays. L'auto-déclaration des citoyens sur leur attitude environnementale est comparée à leurs actions réelles en termes de consommation d'énergie, de transport, de consommation de produits écologiques et de culture des enjeux environnementaux, rassemblés dans l'indice Greendex.

Le carré d'or, qui rassemble à la fois ceux qui se déclarent les plus engagés et ceux qui agissent le plus, réunit principalement les BRICS (Brésil, Russie, Inde, Chine, Afrique du Sud et autres pays émergents). Les

Chinois, les Brésiliens, les Mexicains et les Argentins y trônent, alors qu'aucun pays occidental n'y figure. Les Français sont, eux, très mal placés : ils se déclarent *green*, mais leurs actions réelles sont bien en deçà de leurs déclarations. Cependant, c'est déjà bien mieux que les Américains qui, eux, non seulement ne se déclarent pas *green*, mais agissent encore moins que les Français.

Le bio : une niche qui grossit, mais pour des raisons de santé

Le bio fait en France figure d'exception. Il progresse, en particulier grâce aux efforts faits dans la grande distribution en termes d'accessibilité prix. L'Agence Bio donne un excellent bilan de l'agriculture biologique en France : 60 % des Français ont consommé des produits Bio en 2011 contre 47 % en 2001. L'année 2011 a connu une croissance du marché d'au moins 10 % pour approcher les 4 milliards d'euros, alors que la consommation de biens des ménages français enregistre une baisse estimée par l'INSEE à – 0,5 % en moyenne sur l'année, en partie imputable au recul des dépenses alimentaires. Selon le ministère de l'Agriculture, le bio représente un marché en continuelle expansion. Les ventes de produits alimentaires bio représentent, en France, un marché estimé à près de 4 milliards en 2011. La filière viticole bio est l'une des plus dynamiques : + 28 % de surfaces en 2010. Compte tenu des conversions engagées depuis 2009, le vignoble national certifié bio est appelé à doubler d'ici 2014.

Une unité expérimentale de l'Inra (Institut national de la recherche agronomique), située à 10 km au sud de Dijon, qui a pour mission de participer à l'amélioration des plantes de demain et de concevoir, expérimenter et évaluer des systèmes de culture innovants, a récemment publié des résultats démontrant la performance de l'agriculture biologique en terme de rendement, à condition de développer une agriculture plus diversifiée.

Le bio, dans l'alimentation comme pour la cosmétique, gagne pour des raisons écologiques, mais aussi et surtout de santé. Un nombre croissant de médecins et de biologistes alertent, expériences à l'appui, sur le rôle nocif des pesticides et des substances chimiques dans l'apparition et la multiplication de maladies et dans la baisse de la fertilité, promouvant ainsi l'alimentation d'origine biologique. Certains voient dans cette préoccupation « santé » un réflexe égoïste et non l'expression d'un souci de l'environnement. Rappelons cependant que le corps humain est un organisme vivant : respecter cet organisme en ne le polluant pas est écologique. D'autres affirment par ailleurs que l'espérance de vie, qui n'a jamais été aussi longue, contredit ce nouveau discours en faveur du bio reposant sur un danger pour la santé. Mais rappelons là aussi que l'utilisation massive de pesticides date des années 1970 et que les personnes qui ont actuellement quatre-vingts ans, qui nous font penser que la durée de vie s'allonge, n'en ont donc pas consommé dans leur assiette avant l'âge de quarante ans.

ALERTE SUR LES PESTICIDES

Les médecins de l'Association Santé Environnement France ont mené en 2010 une expérience sur le changement d'état de santé de personnes quittant brutalement une alimentation bio pour une alimentation 100 % «discount». Ils ont constaté au bout de quinze jours deux changements problématiques chez les nouveaux adeptes du discount : la multiplication par quatre de l'acide hippurique régulièrement mis en cause dans les atteintes du développement neurologique de l'enfant et la multiplication par trois de l'acide palmitique, qui serait impliqué dans les mécanismes de résistance à l'insuline tels que le diabète de type 2, l'obésité et les maladies cardiovasculaires. Les pesticides sont aujourd'hui au cœur des enjeux de la malbouffe. Une des premières études sur les «cocktails de pesticides», publiée dans la revue scientifique *PLOS One* en août 2012, montre qu'ils infligent des effets sur les cellules vingt à trente fois supérieurs à leur impact mesuré séparément, et augmentent le risque de maladies neurodégénératives. Le livre *Menace sur nos neurones* (Actes Sud, 2011), de la biologiste Marie Grosman et du journaliste Roger Lenglet, affirme, plus largement, que l'augmentation des neuropathies (comme la maladie Alzheimer) serait directement liée à la présence accrue de molécules chimiques, pesticides, particules fines, aluminium, ondes électromagnétiques, dans notre quotidien. Plus grave encore, une étude américano-danoise (Institut de santé publique du Danemark et École de santé publique de Harvard) publiée en avril 2012 affirme l'existence d'un lien entre l'épaisseur du cortex d'un enfant à sa naissance et l'exposition (alimentation, inhalation, etc.) de sa mère aux pesticides. L'impact de l'exposition périnatale aux produits chimiques devient ainsi un enjeu clé pour l'avenir (de l'intelligence) de l'espèce humaine.

L'alimentation biologique prend place dans une nouvelle approche de la santé, fondée sur un mode de vie écologique. Psychiatres et spécialistes du bien-être valorisent les bienfaits en termes de santé physique et psychique d'une vie plus naturelle, produisant un « gain mutuel » pour l'homme et la nature. Ainsi, le simple fait de prendre l'air dans un jardin public ou de marcher en pleine nature préviendrait l'obésité, les carences en vitamines D, et contribuerait aussi à mieux gérer le stress. Le contact avec la nature participerait au développement de l'enfant, selon l'éthologue Dominique Lestel ou le docteur Kellert, de l'université américaine Yale, qui affirme « *Jouer dans la nature, en particulier pendant la période critique de la moyenne enfance, est très important pour le développement des capacités créatives, la résolution de problèmes et le développement affectif et intellectuel.* » Enfin, l'équithérapie (prendre soin d'un cheval) ou la zoothérapie (développer une relation affective avec un animal), favorisant la résilience chère au neurologue et psychiatre Boris Cyrulnik, produisent des résultats probants auprès des personnes âgées isolées ou des jeunes en difficulté.

Une consommation toujours plus carbonée

Entre 1990 et 2010, les émissions de CO_2 par personne ont augmenté en France de 13 % selon ECO2 Climat (le baromètre analysant les évolutions des émissions de CO_2 des Français, réalisé par le cabinet Carbone 4 pour TF1). L'évolution des choix de consommation est la principale cause de l'augmentation des émissions de

CO_2 des Français. Dans le schéma ci-dessous découpant les différents champs de consommation en 2011, «j'achète», «je me nourris» et «je me déplace» ressortent comme les trois premières sources en matière d'émissions de CO_2. Contrairement aux idées reçues, «je me chauffe» n'est pas la première variable, toujours selon ECO2 Climat.

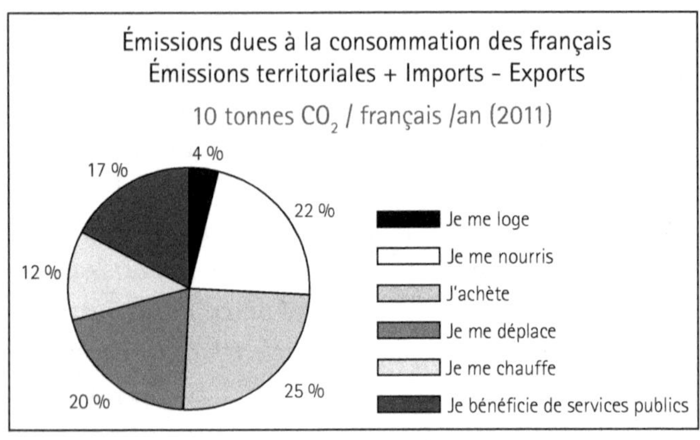

Selon ECO2 Climat, cinq raisons expliquent l'augmentation des émissions de CO_2 de la consommation des Français :

- La viande reste l'alimentation privilégiée (75 kg par an par personne).

- La consommation de produits multimédias a explosé[6], les produits des technologies de l'information comptent pour 5 % du budget des ménages en 2010.

---

6. Nous possédons, en moyenne, une télévision à écran plat d'une durée de vie de cinq ans, un ordinateur portable d'une durée de vie de trois ans.

- L'usage de la voiture n'a pas diminué[7].

- Les trajets en avion ont augmenté[8].

- Surtout, les achats se sont multipliés[9].

Pour une très grande majorité de produits et de services (alimentation, produits d'entretien, décoration, papeterie, ameublement, voiture, etc.), la règle d'intégration du critère environnemental dans l'acte d'achat est «de temps en temps» selon le Panel Havas – Mondadori 2012. Deux catégories de produits font l'objet d'une intégration plus fréquente du critère environnemental : les produits d'hygiène et de beauté, puis l'alimentation. Par ailleurs, deux services font exception à cette intégration : les voyages et les placements financiers, pour lesquels le critère environnemental intervient «jamais ou rarement».

Payer plus cher pour du «vert»?

Si à la fin des années 2000, payer plus cher pour un produit respectueux de l'environnement était envisageable pour la quasi-majorité des Français, la tendance s'inverse désormais. Les ménages français ne consentent pas à payer plus cher des produits de l'agriculture biologique, 75 % les veulent au même prix que les autres, à 5 % près, selon SOeS – Ipsos 2011 (Enquête sur les pratiques environnementales des ménages).

---

7. En moyenne, une voiture par personne, d'une durée de vie de dix ans, utilisée pour parcourir 14 000 km par an.
8. En moyenne par personne, un voyage en avion de 1 500 km aller-retour chacun.
9. En moyenne, 45 kg de livres, magazines et publicités, 11 kg de textile et chaussures, linges de maison, 1 000 € HT chacun de produits divers par personne et par an.

Les Français refusent majoritairement de payer plus cher pour des légumes bio ou une électricité verte. Le panel Havas-Mondadori 2012 affirme majoritairement qu'il est « hors de question » de choisir pour son domicile un fournisseur d'énergie renouvelable plus cher. Rappelons qu'actuellement le premier fournisseur d'électricité verte, Enercoop, compte treize mille clients, dont près du tiers en région parisienne, qui payent en moyenne 20 % plus cher leur facture d'électricité.

LE PARADOXE DES CADRES

Les cadres se trouvent actuellement dans une situation paradoxale. Ils représentent le segment le plus concerné par l'environnement et ont les moyens de payer plus cher pour une consommation responsable. Or ils consomment davantage que les autres du fait de leur plus grand pouvoir d'achat, notamment des produits multimédias et des voyages en avion. Selon le baromètre ECO2 Climat, en 2010, les cadres émettaient 47 % de CO_2 de plus que la moyenne des Français, les professions indépendantes + 28 %. En revanche, les ouvriers étaient à - 3 % et les inactifs à - 38 %. Un paradoxe encore plus criant chez les bobos. Selon Alexandre Pasche, conseil en communication environnementale, *« le bobo privilégie le vintage, les déplacements au marché bio en vélo, ou les vacances en cabane arboricole ou en yourte mongole, mais il ne renonce ni à sa voiture, ni aux voyages en avion, ni à des vêtements produits dans des conditions sociales et environnementales volontairement ignorées ».*

En revanche, le malus automobile pour les véhicules les plus polluants ou l'éco-taxe sur les appareils électriques et électroniques ne créent pas de grandes réticences chez le consommateur. Cependant, ce dernier dénonce parfois, et à juste titre, le caractère contradictoire de ces mesures. Si un acte est grave, pourquoi ne pas l'interdire au lieu de le rendre simplement plus coûteux en maintenant ainsi le privilège des plus aisés ?

Consommer mieux, mais pas moins et pas plus cher

Ceux qui n'ont «aucun frein», ni financier, ni idéologique, à consommer vert représentent seulement 10 % de la population. Pour les autres, de multiples facteurs interviennent[10].

À la question «Quelles sont les raisons de ne pas agir concrètement en matière d'écologie ?» cinq réponses ressortent prioritairement : le prix des produits, le manque de moyens pour agir, le manque de conviction du bien-fondé de l'action écologique, le manque de récompense et de valorisation de l'action écologique et, pour finir, l'impossibilité d'avoir de l'influence si on est seul à agir.

Ce qui convaincrait les consommateurs d'acheter plus de produits respectueux du développement durable serait des prix similaires à d'autres produits (70 %), des preuves concrètes qu'ils sont de meil-

---

10. Le Panel Havas-Mondadori 2012, la «Typologie des Français» Éthicity-ADEME-Aegis 2012 et l'étude sur le «Comportement environnemental des ménages», de l'OCDE datant de 2011.

leure qualité (60 %), une transparence sur l'engagement social et environnemental des entreprises qui les produisent (51 %) et une bonne perception des avantages à les consommer (44 %).

Concernant spécifiquement le bio, l'enseignement est le même. Quatre leviers lui donneraient une plus grande part de marché : la baisse des prix et une plus grande confiance dans la certification, l'étiquetage, dans les bienfaits des produits bio et leur effet sur l'environnement et la santé.

L'obstacle du prix

Le prix est donc perçu comme le frein numéro un pour une consommation écologique. Les Français pensent massivement que les produits « écologiques » sont surtout destinés aux personnes aisées. La consommation écologique est perçue comme une « niche », au même titre que la consommation « branchée ».

Ailleurs dans le monde, l'obstacle prix domine également. Pour six consommateurs sur dix dans le monde, les produits responsables sont trop chers, d'après l'étude Green Gauge. Cependant les préoccupations écologiques augmentent chez les consommateurs des nouvelles grandes puissances, Chine et Brésil en tête, qui disent privilégier davantage des produits labellisés « commerce équitable » ou produits localement, ou encore acheter des conditionnements plus gros pour économiser l'emballage.

Une question de méfiance aussi

Le manque de confiance joue également un rôle important. Les controverses médiatisées sur le bio, le commerce équitable, ainsi que les campagnes d'ONG contre le *greenwashing* dans les publicités, créent un doute sur le réel avantage du critère écologique. Pour les marques les plus présentes en grande distribution et ayant les plus grands budgets publicitaires, l'argument écologique ne concerne le plus souvent qu'une gamme, qu'un produit, voire qu'une seule dimension du produit (son emballage par exemple), ce qui crée un climat de suspicion sur le réel engagement de l'entreprise. Le manque de confiance s'exprime également par le sentiment d'une trop grande profusion de labels engendrant des difficultés à comprendre ce qu'ils signifient. Le projet du CGDD de créer un étiquetage environnemental jouera sans doute un rôle moteur, ainsi que les applications sur Internet visant à informer le consommateur sur la réalité de l'engagement des entreprises et des produits.

Consommer pour ne pas chômer

La crise joue également un rôle défavorable à l'environnement. Avec elle, la priorité revient à l'emploi, ce qui diminue également la «pression» du consommateur sur le volet environnemental. À la question «Parmi les éléments suivants, lesquels devraient être pris en compte de façon tout à fait prioritaire par les grandes entreprises en France?», la réponse «Être soucieuse de son impact sur l'environnement» ressort en septième position sur les onze proposées, après «créer

ÊTRE ET AVOIR

Se fondant sur une opposition entre «l'être» et «l'avoir», de nombreux écologistes cherchent à attirer l'attention, en s'appuyant sur des études, sur un lien de causalité entre la montée des valeurs matérialistes et la baisse du bonheur et du bien-être individuel dans les pays riches. Pour eux, la montée des valeurs de consommation et la valorisation médiatique des personnes les plus fortunées vont à l'encontre d'une société frugale et harmonieuse. Avec la publicité, les enfants, entre l'âge de huit et onze ans, «*commencent à vouloir acquérir des produits non seulement pour le plaisir de les avoir mais aussi dans le but d'accroître leur bonheur et leur statut social*»[11]. Psychologues et écologistes dénoncent de concert la tendance à la survalorisation de la richesse matérielle, génératrice de déception, d'insatisfaction et de pollution. Pour les psychologues, une recherche obsessionnelle de richesse suppose une dévalorisation des autres, ce qui a des conséquences sur le psychisme et appauvrit les émotions. Cette tendance est également dénoncée par des économistes, comme Daniel Cohen, auteur d'*Homo economicus* (Albin Michel, 2012), qui déplore la «prolétarisation» des riches, dans le sens où leur richesse matérielle, du yacht à l'avion privé et aux voitures de luxe, correspond exactement aux rêves matérialistes des plus pauvres, la «haute culture» cessant d'être un objectif.

des emplois», «avoir des salariés heureux dans leur travail», «avoir un dirigeant qui se préoccupe vraiment des enjeux de la société», ou «contribuer à la puis-

---

11. Étude de Suzanna J. Opree publiée dans *Pediatrics* en septembre 2012.

sance économique de la France dans le monde», selon un sondage *Le Monde*-Ogilvy-Viavoice réalisé début 2012. La consommation endosse avec la crise une mission pro-croissance et antichômage. Consommer devient positif, y compris pour l'environnement. Les Français pensent que leur façon de consommer a un impact positif sur l'environnement pour 63 % d'entre eux en 2012, contre 56 % en 2011, selon l'étude «Les Français et la consommation responsable» Ethicity-ADEME-Aegis 2012.

Dans le slogan écologique «consommer moins et mieux», ce n'est pas le «consommer mieux», mais le «consommer moins» qui pose problème aux Français désireux de soutenir leur économie nationale. Pourtant, on comprend bien que plus de consommation n'équivaut pas forcément à plus d'emplois en France, par exemple quand la consommation se porte massivement sur des produits importés.

Autolib', Veja, Karma, Amap : les nouveaux champions de l'éco-consommation

Le recul de l'écologie dans la consommation est contredit par trois contre-tendances, aujourd'hui minoritaires, mais en forte croissance. La première est la réussite des marques de niche auprès de certains segments de clientèles, comme les personnes aisées, les bobos et les «branchés». La deuxième concerne le partage et la consommation collaborative, portés par les réseaux sociaux. Enfin, la troisième se rapporte au retour du local et du «*made in France*».

De nouvelles marques pour de nouveaux clients

Lors du dernier Salon de l'Automobile, en octobre 2012, Nils Audouin, directeur de l'agence New York, féru de voitures puissantes, est tombé en arrêt devant un nouveau modèle. Il nous confie : « *Son bruit de moteur est exceptionnel, puissant et viril, elle est rapide, sublime, phénoménale. Et en plus elle est électrique. Elle est parfaite.* » Karma est la voiture électrique de Fisker, jeune marque automobile américaine, qui a eu la bonne idée d'ajouter un bruit de voiture thermique à ce modèle par définition silencieux. La voiture, dont l'acteur américain Leonardo DiCaprio est l'un des premiers conducteurs, est certes très chère, environ 100 000 euros, mais donne un signe fort : les visiteurs du Salon, pour beaucoup très séduits par ce modèle, rêvent désormais d'une voiture électrique et non thermique. La consommation écologique avance dans l'univers irrationnel de la consommation. Ce qui est une bonne nouvelle, quand on sait que seulement deux mille cinq cent trente immatriculations de voitures électriques ont été enregistrées en 2011, dont la moitié concerne les Bluecar de l'industriel et homme d'affaires Vincent Bolloré. La Karma n'est pas la seule à dénouer l'opposition entre les vecteurs classiques de consommation (esthétique, représentation symbolique de la richesse, etc.) et l'écologie.

Autre exemple, plus accessible, la marque de baskets française Veja, elle aussi aux pieds de Leonardo DiCaprio. À la fois écologiques et équitables, ces baskets sont référencées pour leur style et leur design et comptent parmi les réussites les plus exemplaires. Par ailleurs, la marque JEM de bijoux en or provenant de mines artisanales appliquant des principes écologiques exemplaires réussit elle aussi le tour de force de séduire et d'unir le beau, le bien… et le cher, là aussi.

Certes, cette consommation est luxueuse et « branchée », mais justement, ces démonstrations à l'échelle de produits iconiques, donc prescripteurs, annoncent une influence descendante vers des produits plus accessibles. D'autres exemples pourraient encore être cités, vêtements Kami ou Maiyet, épicerie Hédonie, literie Le Lit National, vin Clos Louie Vieilles Vignes, etc. Ces nouvelles offres éco-responsables ouvrent la voie. Elles mettent fin à une vision moraliste de la consommation durable, ce qui ne peut qu'aider l'écologie à se vivre de manière décomplexée, et défendent une unité dans laquelle les valeurs morales et environnementales du produit accompagnent ses valeurs esthétiques, statutaires et utilitaires. Si la voiture, le téléphone portable, le bijou, le repas ou le meuble le plus désiré dans le monde avait une très grande performance écologique, l'impact de la consommation changerait. Faute que les produits désirables fassent des efforts pour devenir plus écologiques, ce qui est loin d'être le cas, c'est aux produits écologiques de faire l'effort de devenir plus désirables.

La consommation collaborative tisse sa toile

De nouveaux modes de consommation apparaissent, favorisés par Internet et en particulier par les réseaux sociaux. Le troc, les ventes et achats en ligne de produits déjà utilisés, la location, le partage se développent, avec un gain écologique certain. Cette nouvelle consommation correspond à une tendance croissante de la société, qui accorde moins d'importance, surtout pour les jeunes, à la possession. Elle se développe également avec la crise, favorable aux solutions moins chères. Le succès d'auboncoin.com, de covoiturage.com, myrecyclestuff.com, sans compter d'autres sites de location et de partage, comme CitizenCar ou zilok.com démontrent que les éco-gestes ne se limitent pas à la fermeture du robinet ou à l'achat de détergents possédant l'éco-label européen, mais passent par un nouveau rapport à la consommation, dans lequel le partage et le « *second hand* » (biens d'occasion) deviennent naturels. En témoigne également les succès de Vélib' et d'Autolib' à Paris. Entre décembre 2011 et juin 2012, Autolib' a enregistré plus de cent mille locations en Île-de-France. Six mois après son lancement, Autolib' comptabilisait, en juin 2012, vingt mille abonnés. Pour sa part, OuiShare, première communauté autour de la consommation collaborative, démontre que l'union d'individus peut aller encore plus loin : projets de co-habitat, de co-production, co-innovation et co-financement, que ce soit du microcrédit de pair-à-pair avec Babyloan, du *crowdfunding* avec My Major Company ou KissKissBankBank ou du financement de projets de développement avec Blue Bees. Il s'agit d'une autre forme de mobilisation, plus connectée, plus participative et plus collective. Ce développement durable 2.0 dispose d'un avenir colossal.

Consommation locale et *made in France* : l'écologie sans le savoir ?

Force est de constater le « *boom* » du retour au local et du *made in France*, favorisés par la crise. Arnaud Montebourg, le ministre du Redressement productif, a marqué les esprits en osant poser mi-octobre 2012 à la une du *Parisien Magazine* en marinière *made in* Quimper. Comme pour la consommation collaborative, si l'impulsion initiale n'est pas l'écologie, le résultat lui est largement favorable. En effet, les circuits courts impliquent moins de transports. Derrière les possibles contradictions de cette consommation (ne vaut-il pas mieux un produit importé fait de manière responsable qu'un produit local, mais peu exigeant ?), de nouvelles tendances combinant à la fois le local et l'écologique comme les « locavores » (s'alimenter dans un périmètre réduit) ou les Amap (association pour le maintien d'une agriculture paysanne, prônant l'achat groupé et en direct à des producteurs locaux) se développent fortement. Elles préfigurent une consommation écologique performante.

Pourtant, ce mouvement, lorsqu'il se contente du seul critère « local », est ambivalent. Le *made in France* revêt une dimension protectionniste qui ne va pas dans le sens d'une ouverture à une mondialisation responsable. De plus, il ne dit rien des véritables critères utiles à une consommation responsable : les labels officiels concernant les conditions sociales et environnementales de production.

Chapitre 3

MÉDIAS : L'ÉCOLOGIE QUITTE LA UNE

LES MÉDIAS PRÉFÈRENT-ILS LE CARBONE ?

Écologie et développement durable semblent ne plus avoir les faveurs des journalistes depuis l'échec du Sommet de Copenhague et la montée de la crise économique, événements qui ont bouleversé l'agenda des priorités.

La terminologie «développement durable», dont l'environnement est l'un des piliers, accuse une baisse significative depuis 2009 dans les quotidiens et magazines français, après une phase de forte progression. On passe de + 682 % entre 2005 et 2009 à - 40 % entre 2009 et 2011, selon l'étude réalisée par *YouPhil*, qui a suivi *Le Monde*, *Les Échos*, *La Tribune*, *Le Figaro*, *Libération*, *La Croix*, *L'Expansion* et *Challenges*, de 2005 à 2012. Sur cette période, le quotidien *Les Échos* ressort comme le premier vecteur de la notion de développement durable, avant *Le Monde*. De son côté, *Libération* a trois fois moins utilisé cette terminologie sur la période que le titre économique, le plus en avance.

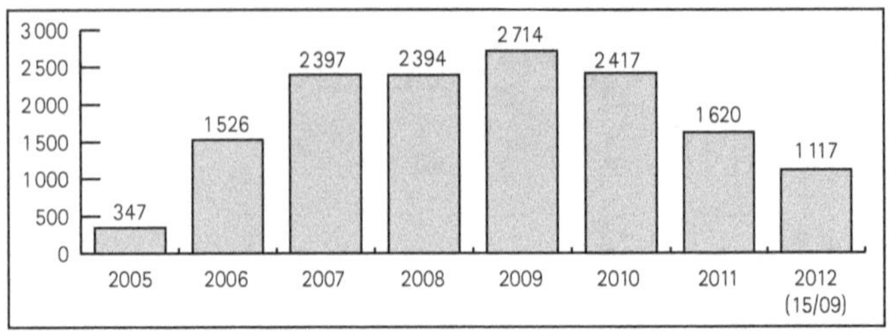

Source : YouPhil

Certes, cette baisse est parallèle à celle de l'intérêt des Français. Ils étaient 66 % en 2009 à penser qu'« il n'y a pas assez d'informations sur le développement durable dans les médias », proportion qui tombe à 57 % en 2010 selon Opinion Way. Ce chiffre reste néanmoins élevé et démontre un besoin d'information non satisfait. Ce manque est confirmé par le Baromètre TNS Sofres – La Croix 2012, qui explore la relation entre les Français et les médias. Selon TNS Sofres, « *les Français estiment que les médias n'ont pas accordé assez de place à certains événements. Au premier rang desquels figure le Sommet de Durban sur le climat puisque 44 % des personnes interrogées déclarent que les médias ne s'en sont pas assez fait l'écho. Il est par ailleurs intéressant de noter que l'année dernière l'événement le plus sous-médiatisé avait été le Sommet de Cancun sur le climat avec 44 % des Français déclarant que les médias n'en avaient pas assez parlé. Le traitement médiatique de la problématique environnementale ne semble donc pas répondre aux attentes des Français* ».

À L'INTERNATIONAL : CHUTE DE L'INTÉRÊT
POUR LE CHANGEMENT CLIMATIQUE

La place du changement climatique dans les médias mondiaux chute depuis 2009, selon DailyClimate. En 2011, sa couverture a baissé d'environ 20 % par rapport au niveau de 2010, et de près de 42 % par rapport à 2009. Aux États-Unis, entre 2009 et 2011, la couverture du changement climatique dans les programmes du dimanche soir (« *Sunday shows* ») a chuté de 90 % selon Media Matters. Les informations du soir (« *evening and nightly news* ») dédiées au sujet ont également décru de 72 % dans cette période. Toujours selon Media Matters, sur l'ensemble de l'année 2011, les grandes chaînes de télévision américaines CBS, NBC et FOX ont donné plus de place le dimanche soir à Donald Trump qu'au changement climatique.

Concernant la qualité de l'information sur le développement durable dans les médias, 57 % des Français – par ailleurs très critiques sur les médias en général – la jugent « mauvaise » en 2010 (49 % « assez mauvaise » et 8 % « très mauvaise »), toujours selon Opinion Way. Ce jugement est plus critique qu'en 2009 (45 % d'avis défavorables). Les raisons données de cet avis négatif sur la qualité de l'information sur le développement durable sont le manque d'explication ou d'information, le traitement partiel ou simplificateur du sujet ainsi que le recours au sensationnel.

Ces avis mitigés soulèvent immanquablement la question de l'image de l'écologie que donnent les médias. Le panel Havas – Mondadori 2012 affirme majoritairement que l'image de l'écologie véhiculée par la presse quotidienne est négative, contrairement au journal télévisé, qui en donne, selon ce panel, une image positive.

De nombreuses explications permettent de comprendre ce traitement incomplet de l'environnement dans les médias : la dimension scientifique ou technique de l'information, la considération de l'environnement comme sujet de niche et non politique ou sociétal, la place de choix de l'économie perçue comme « antinomique » avec l'environnement, l'absence d'image pour certaines thématiques (le CO_2 ne se voit pas), le faible engagement des annonceurs, le manque de formation sur l'environnement dans les écoles de journalisme, la présence d'« anti-écologistes » parmi les journalistes, la faveur accordée à des sujets plus « vendeurs », le caractère récent du sujet, etc.

Le retrait de l'écologie dans les médias signifie-t-il pour autant son retrait de manière générale ? Sylvain Lambert, associé responsable du département développement durable chez PricewaterhouseCoopers (PwC), nous confie : « *En devenant à la mode il y a quelques années, l'écologie s'est retrouvée subitement dans des discours engagés de stars planétaires. Aujourd'hui, l'écologie est en voie de depeopolisation, ce qui donne l'impression qu'elle s'efface. Mais ce n'est que la part de l'effet de mode qui s'atténue et c'est tant mieux. Il reste la tendance de fond. Si l'écologie ne fait plus la une des médias, elle avance partout ailleurs, dans l'industrie, l'enseignement, l'agriculture et même la finance.* »

Une contre-tendance, portée par le dynamisme des médias spécialisés, démontre cependant que la niche thématique de l'écologie continue à progresser. Les titres comme *Terra eco*, *Néoplanète*, *La Maison écologique*, *L'écolomag*, ainsi que les nouveaux lancements comme *Pure Green*, *Auto Verte*, ou encore de nouveaux magazines comme *Usbek & Rica*, qui affiche un positionnement sur les thèmes «géopolitique, environnement, technologies, culture et société», démontrent que l'écologie ne disparaît pas totalement des kiosques. De même en télévision, les émissions spécialisées continuent, ainsi qu'en radio. Sur le Web, la multiplication des sites d'information et de sensibilisation témoigne également de la continuité du sujet, mais pour un public encore ciblé.

LA POLÉMIQUE CLIMATIQUE FAIT MAL

Le «Climate Gate» qualifie un scandale médiatique lancé à la veille du Sommet de Copenhague de décembre 2009. Rappelons les faits. Fin 2009, la presse dévoile le piratage des serveurs de scientifiques, membres du GIEC, de l'unité de recherche climatique d'une université britannique. Bien que le fonctionnement même de la collaboration scientifique repose sur le partage de doutes entre scientifiques dans le cadre d'une recherche, des extraits de ces courriers piratés sont utilisés comme preuve du manque de sérieux scientifique des auteurs du GIEC et donc de leurs conclusions. Les climato-sceptiques (ceux qui nient soit l'existence du réchauffement climatique, soit la cause humaine de ce réchauffement, soit les deux) Claude Allègre et le professeur de géophysique Vincent Courtillot s'engouffrent alors dans la brèche, transformant cet événement en véritable remise en cause de l'existence du réchauffement climatique.

Le résultat de la controverse ne se fait en effet pas attendre. Début 2011, seuls 34 % des Français croient vraiment que le réchauffement climatique est un fait scientifiquement prouvé ; 45 %, soit près de la moitié d'entre eux, ne sont pas totalement convaincus. Ils sont 21 % à ne pas se prononcer ou à penser que c'est faux, selon l'étude CGDD SOeS-Ipsos 2011.

Le réchauffement de la planète est un fait scientifiquement prouvé.	
	Cette phrase est-elle selon vous ?
Complètement vraie (en %)	34
Plutôt vraie (en %)	45
Plutôt fausse (en %)	11
Complètement fausse (en %)	3
Ne se prononce pas (en %)	7

Source : SOes-Ipsos, Enquête sur les pratiques environnementales des ménages, novembre 2010 - janvier 2011

Sylvestre Huet, journaliste scientifique de *Libération*, auteur de *L'imposteur, c'est lui* (Stock, 2010) sur Claude Allègre, accuse sur son blog les grands médias français, deux ans et demi après cette controverse médiatisée, en mai 2012 : « *Le combat des autoproclamés "climato-sceptiques" – donc en France pour faire court, l'ancien ministre Claude Allègre et l'ex-directeur de l'IPGP Vincent Courtillot, a produit un effet médiatique dévastateur en raison de la complaisance montrée par de nombreux médias de masse – télés, radios, périodiques – pour un discours en définitive fondé sur une sorte "d'anti-science", dont l'un des résultats est de faire reculer dans l'opinion publique la compréhension du fonctionnement de la science contemporaine.»* Le journaliste déplore *«l'incapacité, voire l'absence de volonté, des responsables de grands médias de délivrer une information digne de ce nom»* sur le changement climatique.

Naomi Oreskes, historienne des sciences de la Terre et auteur avec Erik Conway d'un ouvrage sur les racines du climato-scepticisme, *Les Marchands de doute* (Le Pommier, 2012) confie au magazine *La Recherche* au printemps 2012 sa vision des climato-sceptiques : *«Il s'agit de scientifiques âgés, qui ont eu énormément de succès à l'apogée de leur carrière et qui à présent reçoivent de moins en moins d'attention. Adopter des positions iconoclastes sur des sujets sensibles leur permet de continuer à bénéficier d'une certaine existence médiatique et scientifique. Au fond de tout cela il y a surtout, à mon avis, un désir irrépressible d'être sous les feux de la rampe.»* Son verdict le plus radical est livré au journal *Le Monde* dans la foulée : *«La plupart de ceux qui mettent en cause la science climatique, ou qui assurent qu'il y a un débat sur ses principaux constats, ont auparavant contesté la réalité des pluies acides, du trou dans la couche d'ozone, ou encore de la nocivité du tabac… C'est le premier indice qu'il ne s'agit pas réellement de science, car vous ne trouverez jamais un vrai chercheur naviguant entre des sujets aussi variés et exigeant des compétences aussi différentes.»*

En France, l'intervention coup-de-poing de Nicolas Hulot contre l'éventuelle nomination de Claude Allègre au gouvernement par Nicolas Sarkozy en 2009 a limité l'essor du mouvement climato-sceptique. Par ailleurs, les débats sur la climatologie au sein de l'Académie des Sciences, commandés par la ministre de la Recherche Valérie Pécresse, suite au « Climate Gate », ont donné raison aux climatologues. L'entrée du climatologue Édouard Bard à l'Académie des sciences change aussi la donne. Les sceptiques du réchauffement climatique sont certes, fin 2012, toujours aussi virulents, mais une limite réputationnelle s'installe dans les médias, les dissuadant désormais d'afficher un climato-scepticisme flagrant. Enfin, la formation des journalistes sur le réchauffement climatique progresse, notamment avec les « Entretiens de Combloux » organisés depuis 2006 par le consultant Jean-Marc Jancovici et le journaliste Jean-Louis Caffier, où interviennent les plus grands climatologues français, comme Hervé Le Treut.

Culture : un mouvement émergent
L'écologie inspire encore peu d'artistes

La vie culturelle française semble se dérouler en dehors de la réalité environnementale. Rentrée littéraire après rentrée littéraire, l'écologie semble à l'écart des thématiques des centaines de nouveaux romans publiés et des préoccupations des écrivains. Les philosophes les plus médiatisés traitent de sujets sociétaux essentiels, mais, là encore, l'écologie semble reléguée au second rang. Cependant, l'intérêt porté aux anciens, comme Edgar Morin, Stéphane Hessel,

Pierre Rabhi, conduit indirectement l'écologie sur le devant de la scène, ces trois hommes de plus de quatre-vingt-dix ans pour les deux premiers et de près de soixante-quinze pour le troisième incarnant une sagesse qui inclut la conscience environnementale. En art contemporain, les artistes les plus plébiscités ne s'inscrivent pas dans une démarche écologique et la culture artistique semble s'être arrêtée au Land Art ou à l'Arte Povera lorsqu'il s'agit d'environnement. Au cinéma, de nombreux films montrent des catastrophes naturelles impitoyables, des virus meurtriers, ou des guerres liées à des ressources rares, tous ces thèmes pouvant être reliés à des enjeux écologiques, mais rares sont les films, en dehors des documentaires, qui intègrent volontairement l'écologie comme thématique. Dans la grande majorité des films, la question environnementale est absente aussi bien du thème, des dialogues que des gestes des acteurs (notons cependant qu'à l'écran on voit désormais des acteurs écolos, comme Guillaume Canet, recycler leurs déchets comme tout le monde). Les séries, souvent américaines, semblent elles aussi loin du sujet. Les discussions des héroïnes de la série américaine « Sex and the City » ont-elles abordé une seule fois des enjeux environnementaux ? Non. La chanson française semble, elle aussi, peu inspirée par les changements du climat et des écosystèmes. La mode reste également loin des enjeux. Parmi les designers, l'écologie fait le plus souvent figure de niche, de thématique saisonnière, quand elle n'est pas totalement absente de la démarche. Ainsi, elle n'empêche pas la vogue de la fourrure et les nouvelles tendances «croco». Certes, le dernier défilé Chanel d'octobre 2012 était décoré d'éoliennes et de panneaux solaires et les engagements de Stella McCartney, de Viviane Westwood et plus encore d'Issey Miyake frappent par la solidité de leurs convictions. Cependant, la majorité reste silencieuse.

On pourrait ainsi passer en revue de nombreux domaines, en étant surpris que l'écologie n'inspire pas plus les artistes, intellectuels et créateurs. De façon générale, dans la vie culturelle française, l'écologie semble être considérée comme une niche, à l'écart, en dépit des engagements personnels de célébrités, comme les actrices Marion Cotillard ou Mélanie Laurent. C'est d'autant plus dommage que l'évolution vers des modes de vie plus durables est avant tout de nature culturelle ; et que les représentations évoluent plus vite par le prisme de l'art.

Des productions intéressantes mais trop discrètes

Pourtant, les propositions culturelles existent, mais elles ne sont pas en haut de l'affiche et restent minoritaires. Parmi les exemples français encourageants, citons, en littérature, des romans français récents démontrant une réflexion environnementale : *Nous autres* (Folio, 2010) de Stéphane Audeguy, *Mémoires de la Jungle* (Gallimard, 2010) de Tristan Garcia, *L'écologie en bas de chez moi* (P.O.L., 2011) de Iegor Gran, *Journal intime d'une prédatrice* (Fayard, 2010) de Philippe Vasset, *Que font les rennes après Noël ?* (Verticales, 2010) d'Olivia Rosenthal. Parmi les philosophes, soulignons la production stimulante de

Dominique Lestel (*L'animal est l'avenir de l'homme* – Fayard, 2010) ou François Flahault (*Où est passé le bien commun?* – Mille et une nuits, 2011). Dans le circuit de l'art contemporain, on rencontre aussi en France des artistes impertinents, sensibles et engagés comme Art orienté Objet, Thierry Boutonnier, Lucy+Jorge Orta, Olivier Leroi… Côté cinéma, *Home* (2009) a été un temps fort ainsi que les films animaliers comme *Océans* (2009), *La marche de l'Empereur* (2004) ou les documentaires engagés comme *Solutions locales pour un désordre global* (2010) ou plus récemment *Tous cobayes?* (2012). En musique, de plus en plus de célébrités s'engagent en faveur de l'environnement. Par exemple, le chanteur français M a donné un concert à Rio pour Rio +20.

Le mouvement est peu visible, mais s'étend. La prise de conscience et l'action des artistes avancent. Pour Loïc Fel, cofondateur de l'association COAL Art & développement durable, l'entrée de l'écologie dans la culture est déjà un fait. Il nous confie : « *L'écologie n'est pas dans une situation de recul, mais d'intégration dans un ensemble de critères. L'écologie atteint enfin une dimension systémique, qui est sa définition même. C'est la fin de son isolement, ce qui donne l'impression de moins la distinguer. Elle se retrouve intégrée dans l'éco-nomie, la santé, mais aussi et surtout dans la culture. Elle fait partie d'un tout, comme tout être vivant. L'écologie est enfin devenue écologique.* »

UNE DYNAMIQUE CERTAINE DANS LES ARTS PLASTIQUES ET LA PHOTOGRAPHIE

Dans de nombreux pays, institutions, centres d'art, artistes et collectivités se sont mobilisés sur la thématique de l'écologie et du développement durable, autour de centres de ressources, de groupes de recherches et d'actions, d'expositions, de festivals, de colloques, de résidences, etc.

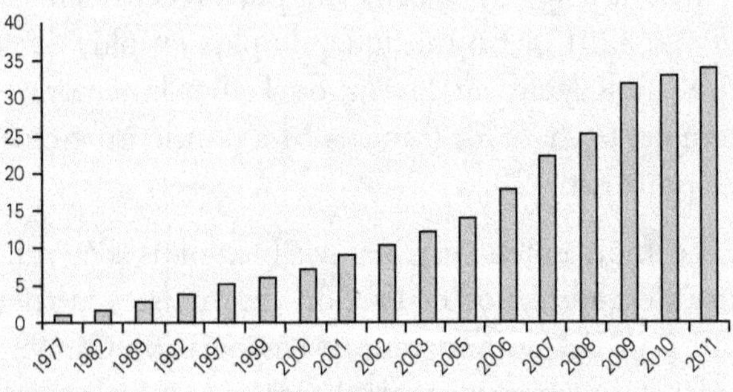

Source : COAL – ministère de l'Écologie, 2011

Citons plusieurs initiatives motrices :
En Angleterre, l'association Cape Farewell est reconnue internationalement pour avoir apporté la première réponse culturelle au défi climatique. Depuis sa création en 2001, Cape Farewell a réuni des artistes et des scientifiques dans une série d'expéditions en bateau dans l'Extrême-Arctique, stimulant ainsi le dialogue interdisciplinaire et la création d'œuvres artistiques, permettant de transposer l'impact du changement climatique à l'échelle humaine.
En France, l'association COAL (coalition art et développement durable) anime la plateforme Internet

Ressource consacrée à l'art et l'écologie, organise des expositions, notamment avec le Domaine de Chamarande et remet chaque année le Prix COAL Art & Environnement, récompensant (dotation de 10 000 euros) des plasticiens impliqués dans les questions environnementales. COAL a reçu depuis sa création en 2008 plus de huit cent cinquante projets d'artistes du monde entier sur le thème de l'environnement, un nombre révélateur d'un véritable mouvement des artistes.

En Bretagne, le Festival Photo La Gacilly Peuples et Nature expose depuis 2004 une photographie éthique et humaniste s'intéressant aux relations entre l'homme et son environnement. Dans sa dernière édition 2012, Pierre de Vallombreuse présentait ses photographies sur les « Hommes racines ».

Par ailleurs, le Prix Pictet récompense chaque année (dotation de 80 000 euros) un reportage photographique sur une thématique du développement durable.

Enfin, le festival de photographie de Bamako soulève également la question du développement durable, dans la programmation de sa directrice artistique Michket Krifa.

Chapitre 4

ENTREPRISES : ENTRE LE MEILLEUR ET LE PIRE

UN IMPACT ENVIRONNEMENTAL CROISSANT

En dépit des efforts environnementaux réalisés dans le cadre de la Responsabilité sociale d'entreprise (RSE) et de la baisse d'activité dans certains secteurs due à la crise, l'impact environnemental des entreprises augmente.

Bien que les problématiques de développement durable et d'impact environnemental soient mieux maîtrisées dans de nombreuses industries (par exemple, l'émission de CO_2 par tonne d'acier produite a largement diminué), la croissance des activités « à fort impact » est telle qu'elle rend difficile une baisse de l'effet écologique global.

Le tableau ci-dessous, réalisé d'après KPMG, montre l'évolution de 1998 à 2011 des différentes activités économiques mondiales ayant un fort impact environnemental. La grande augmentation du fret aérien, très émetteur de CO_2, ou encore de la production de plastiques, explique, entre autres, l'augmentation de l'impact écologique global des activités humaines. Le développement rapide des BRICS joue un rôle majeur dans ces résultats.

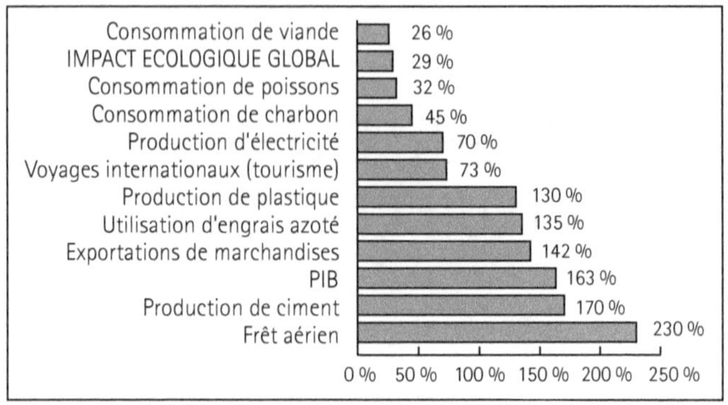

Une réelle prise de conscience

Le premier rassemblement d'entreprises engagées, le Global Compact (ou Pacte mondial), lancé en 1999 par les Nations unies autour de principes fondateurs en faveur d'un progrès social, environnemental et en éthique des affaires, réunissait fin août 2012 six mille neuf cents entreprises. Si ce nombre paraît important, il ne représente pourtant qu'une infime partie des entreprises et révèle le caractère encore pionnier de la démarche. Dans son bilan sur l'année 2011, réalisé à partir des déclarations de ses membres, le Global Compact fait un constat mitigé : si la majorité de ses membres prend des mesures pour réduire les rejets de déchets, les ressources utilisées et la consommation d'eau (ce qui correspond souvent à des économies), des enjeux tels que la biodiversité et les changements climatiques ne sont pas aussi bien pris en compte. De même, seule une minorité est engagée dans l'éco-conception, y compris parmi les plus grandes entreprises.

De son côté, le Carbon Disclosure Project, initiative mondiale en faveur de la transparence des grandes entreprises en matière d'émissions de GES, a publié avec PwC en septembre 2012 une photographie des cinq cents plus grandes entreprises mondiales. La prise de conscience du changement climatique est massive : 81 % des entreprises identifient le risque du changement climatique, contre 71 % en 2011, et le risque est jugé « réel » pour 30 % d'entre elles. Il s'agit donc d'une avancée majeure en termes de prise de conscience. Les entreprises les plus transparentes selon cette étude sont Bayer, Nestlé, BASF et BMW. En dépit de cette prise de conscience sur le risque climatique, les actions peinent encore à suivre, selon le rapport *Analysis of investor and enterprise policies on corporate social responsibility* des Nations unies. En 2012, les entreprises qui réalisent un bilan carbone sur un périmètre « activité » qui intègre l'impact de leur chaîne de production sont peu nombreuses : 12 % des entreprises seulement répondent de manière complète à la question des émissions de GES, en intégrant toute leur chaîne de valeur.

L'agence de notation extra-financière Vigeo, quant à elle, donne une bonne mesure de l'avancée des grandes entreprises européennes (deux cent trente-huit). Deux rapports publiés en 2012 donnent une photographie détaillée de leur engagement en matière de climat et de biodiversité. Le premier rapport « Le défi climatique : quelles réponses des entreprises ? » montre que la réduction de l'empreinte carbone dans les procédés de production ne fait pas encore l'objet de mesures claires et détaillées. Les entreprises s'en tiennent, au moins pour l'instant, au respect de la réglementation. Le second, réalisé avec l'association Humanité et Biodiversité, démontre le faible niveau d'action sur la biodiversité… Des leaders apparaissent, y compris français, mais ils restent des cas isolés, comme Danone ou Bonduelle. Les deux secteurs les moins actifs sont l'agroalimentaire et le secteur de l'énergie, et le plus en avance est la construction.

Nicole Notat, P-DG de Vigeo, est cependant relativement optimiste. Elle nous confie : « *Toutes les entreprises avancent, soit en termes de prise de conscience, soit d'action. Une partie d'entre elles est déjà dans l'action en faveur d'une croissance soutenable, parce qu'elles ont un dirigeant éclairé, des actionnaires attentifs ou encore un bon sens de la stratégie et du risque. Les autres, majoritaires, avancent en termes de prise de conscience. Les questions de changement climatique, de chute de la biodiversité, de déforestation, sont devenues incontournables. Plus l'entreprise a une marque connue, plus elle a des parties prenantes, plus elle est suivie, plus sa prise de conscience avance, car elle sait qu'un jour elle n'aura plus le choix.* »

Les raisons de l'inaction

Comment expliquer que la prise de conscience ne se traduise pas davantage en actions ?

La première raison concerne l'ambivalence du regard sur l'écologie dans l'entreprise, source à la fois d'opportunités et de contraintes. Certes, la question environnementale est perçue comme une opportunité par les entreprises, selon l'étude internationale Accenture 2012 «Long-Term Growth, Short-Term, Differentiation and Profits from Sustainable Products and Services». Les deux plus grandes opportunités identifiées sont «les attentes des consommateurs» et «les opportunités de croissance», auxquelles s'ajoute «améliorer l'image de marque de l'entreprise». Cependant, la préservation de l'environnement est également perçue comme un coût. Les sondés de l'étude Accenture pensent majoritairement que cela coûte plus cher d'intégrer le développement durable dans leur business (seuls 20 % pensent l'inverse). De même, ils pensent majoritairement que les marges sont plus faibles concernant les produits responsables. Quant aux possibilités d'augmentation des prix des produits responsables, les répondants les jugent très limitées. Plus inquiétant, ils déclarent majoritairement qu'ils ne seraient pas en mesure de répondre à une demande croissante de produits «responsables» par les consommateurs. Cette étude démontre que si l'opportunité que représente le développement durable est comprise, elle n'est pas saisie, car elle représente un investissement que l'entreprise ne se sent pas en mesure de répercuter sur les prix. Les efforts environnementaux décisifs et coûteux, comme la structuration de filières d'approvisionnement, ne pouvant garantir à court terme des économies, sont donc peu entrepris. Passer d'une économie fondée sur la vente de produits à une économie de service s'appuyant sur la location n'est pas non plus devenu un réflexe, les entreprises craignant encore de créer ainsi leur propre concurrence. Finalement, c'est une vision de court terme qui semble dominer les décisions. Les arguments concernant les conditions de pérennité de l'entreprise restent très minoritaires, comme si l'approvisionnement en ressources « allait de soi ».

Un autre frein à l'action est culturel et moins rationnel. Lorsque l'on demande aux entreprises de définir ces freins, les « mentalités dépassées » ressortent d'abord, suivies de la priorité donnée à la lutte concurrentielle, comme le montre la « Sustainability Initiative 2009 Survey », BCG & MIT Sloan Management Review. Dans les secteurs de la santé, dans l'agriculture, les industries minières et l'eau, les « mentalités dépassées » dominent particulièrement, selon l'étude.

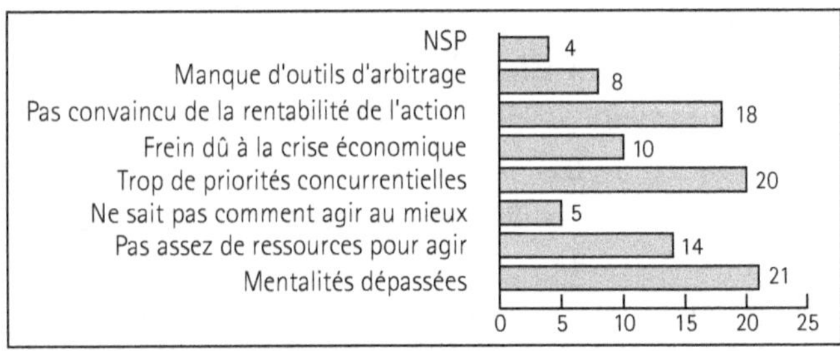

Graphique réalisé à partir de l'étude « Sustainability Initiative 2009 Survey »,
BCG & MIT Sloan Management Review

Enfin, la troisième raison de l'inaction tient à la facilité qu'ont eue les entreprises à bénéficier d'une meilleure image de marque avec un effort environnemental limité. De 2006 à 2009, date d'atténuation de ce phénomène, les entreprises ont bénéficié d'un crédit de légitimité en développant des discours « proécologie », ceux-ci ne reposant pas toujours sur des engagements conséquents. Ce phénomène a soulevé la question du *greenwashing*. Cette pratique fait l'objet de campagnes et d'une réaction virulente de la part des écologistes, notamment *via* la remise annuelle du « Prix Pinocchio ». Au point que l'ADEME et l'ARPP (Autorité de Régulation Professionnelle de la Publicité) en dressent annuellement un bilan, dans le rapport « Publicité et Environnement ».

LES DÉFRICHEURS

Depuis le début des années 2000, la conscience écologiste s'est d'abord développée de manière accélérée dans un petit groupe d'entreprises pionnières… Certaines en ont d'ailleurs fait un avantage stratégique. Depuis 2007, non seulement la mesure de l'empreinte carbone s'est dotée d'outils nouveaux, mais en plus des objectifs d'amélioration et de réduction des émissions ont été atteints. Listons ci-après quelques actions récentes, portées par certaines des entreprises parmi les plus actives :

- Sur le plan des outils de mesure et de pilotage : Accor réalise la première analyse de cycle de vie à l'échelle de son activité hôtelière ; Puma publie le premier compte de résultat carbone qui s'étend actuellement au Groupe PPR ; Danone crée avec Sap et PwC le premier outil permettant de calculer les émissions de carbone sur l'ensemble du cycle de vie d'un produit ; Leroy-Merlin se positionne comme leader de l'étiquetage environnemental.

- Du côté de l'activité de l'entreprise : Système U mène une politique « santé et environnement » pour les aliments de sa marque distributeur, s'engageant à supprimer quatre-vingts substances chimiques ; Louis Vuitton diminue de 50 % le fret aérien entre Paris et Tokyo ; Cathay Pacific refuse de transporter des ailerons de requins pêchés à l'état sauvage ; Johnson & Johnson lance une marque responsable Earthwards et supprime le formaldéhyde de l'ensemble de ses produits ; Danone, encore, réduit de 30 % ses émissions de CO_2 en moins de quatre ans ; Leclerc retire peu à peu le papier de ses catalogues dans un objectif zéro papier en 2020 ; Renault lance la première voiture électrique eco-conçue, ZOE ; Bouygues Construction construit le premier bureau à énergie positive ; Kraft lance Coffee made Happy, un programme auprès d'un million d'agriculteurs ; Casino lance le « Nutella-bis » sans huile de palme ; Ikea produira autant d'énergie renouvelable que le groupe consommera d'énergie en 2020 ; le groupe Bolloré crée le premier service d'autopartage de voitures électriques de Paris, Autolib' ; BETC réduit ses émissions directes de CO_2 de 30 % en trois ans, tout en créant un programme de biodiversité urbaine avec son miel et sa bière au houblon cultivé sur son toit… Bien d'autres actions exemplaires pourraient être listées.

- Enfin, du côté mécénat : Yves Rocher a déjà planté vingt millions d'arbres et en aura planté cinquante millions en 2014.

UNE INNOVATION MAJEURE INITIÉE PAR PUMA (PPR) : LE COMPTE DE RÉSULTAT ENVIRONNEMENTAL

Puma a publié avec Trucost et PwC le premier «compte de résultat environnemental», une innovation qui ouvre une voie nouvelle, vers la notion de «coût global», intégrant les externalités négatives environnementales. Le journaliste Jean-Philippe Lacour écrit dans *Les Échos* du 17 mai 2011 «*En se fondant sur les émissions de gaz à effets de serre et l'utilisation d'eau entraînées par son activité, mais aussi celles de ses fournisseurs, la société allemande d'articles de sport a chiffré hier à 94,4 millions d'euros le coût économique de son impact sur l'environnement. La marque au couguar, propriété depuis 2007 de PPR, se donne pour objectif de réduire cette valeur dans le temps. Puma chiffre son impact propre à 7,2 millions d'euros. La marque se fournit en coton et fabrique ses articles pour l'essentiel en Asie. Pas étonnant dès lors que ce continent compte selon ses calculs pour 62 % des coûts en rejet de CO_2 et 88 % de la consommation d'eau.*» Suite à cette mesure, Puma s'est fixé pour but de réduire de 25 % ses émissions de carbone et sa consommation d'énergie et d'eau d'ici à 2015. À titre de comparaison, selon Trucost, pour l'électricité, les externalités environnementales représentent 87 % de l'EBITDA[12], pour l'aviation, 52 %, pour la chimie, 43 %, pour l'agriculture 224 %, pour les mines 64 % et pour le pétrole 23 %.

Derrière ces initiatives, des chefs d'entreprises s'engagent et incarnent un pragmatisme conscient. Sans devoir faire appel aux fondateurs d'entreprises légendaires comme le Franco-Américain Yvon Chouinard,

---

12. Earnings before interest, taxes, depreciation and amortization.

directeur-fondateur de Patagonia ou l'Américain Gary Hirshberg, directeur-fondateur de Stonyfield, des dirigeants français ont aujourd'hui non seulement la volonté de changer les choses en faveur de l'environnement, mais ils jouent en outre un rôle croissant dans les médias et incarnent, aux yeux de l'opinion publique, une approche pragmatique des problèmes environnementaux.

Serge Papin, directeur de Système U, nous confie : « *Avant, on ne savait pas. Certes, certains experts savaient, mais pas la société. Il ne faut pas juger les actions du passé comme les agriculteurs qui ont utilisé des pesticides ou les industriels qui ont élaboré des emballages contenant du Bisphénol-A. L'important ce n'est pas hier, mais aujourd'hui, car aujourd'hui on sait, que ce soit l'effet sur le climat de la combustion fossile ou l'effet de l'excès de la chimie sur la santé ou encore l'effet de la déforestation sur la chute de la biodiversité et le climat. Ces connaissances rendent désormais la faute difficilement pardonnable. Les chefs d'entreprises ont le devoir d'utiliser ces connaissances pour préserver la santé et l'environnement. Ne pas le faire aujourd'hui relève de la faute. Cette tâche n'est pas insurmontable. C'est une question de volonté. Une grande partie des substances problématiques présente aujourd'hui des alternatives. Nous avons déjà supprimé de notre marque distributeur celles qui étaient les plus controversées. Chez Système U, nous avons identifié quatre-vingts substances que nous allons nous employer à retirer d'ici dix ans. Même si la loi ne nous y oblige pas, comme pourtant elle le pourrait, nous devons prendre les devants. »*

Jacques Rocher, directeur du développement durable d'Yves Rocher et président de la fondation du même nom, nous rappelle pour sa part : « *Lorsque j'ai annoncé que j'allais planter cinquante millions d'arbres d'ici 2014, certains ont trouvé ce défi pharaonique, voire inatteignable. Pourtant, mon entreprise produit trois cent cinquante millions de produits par an. Je ne compte pas oublier que je suis un industriel lorsque je parle d'environnement. Si je suis capable de produire plus de trois cent cinquante millions de produits par an, alors je suis largement capable de planter cinquante millions d'arbres sur plusieurs années.* » Ces prises de position, encore isolées, dessinent dans le monde économique une *voie bis*, ouverte par des hommes et des femmes déterminés, qui incarnent l'avenir de l'écologie.

À ces dirigeants s'ajoutent également les directeurs du développement durable. Réunis dans une association, le Collège des directeurs du développement durable, ils plaident pour un plus grand engagement des entreprises. Les plus avancés d'entre eux, comme Jean-Louis Jourdan de la SNCF, Fabrice Bonnifet du Groupe Bouygues, Catherine Puiseux de TF1, Gilles Vermot-Desroches de Schneider Electric, ou encore Loïc Fel de BETC, incarnent un mouvement courageux, et soudé, qui contribue à l'avancement du développement durable et de l'écologie en entreprise.

Au-delà des grandes entreprises, c'est le tissu de PME et l'ensemble des nouvelles entreprises qui se créent chaque jour dans le secteur de l'environnement qui démontrent un véritable mouvement créant un nouveau marché, des énergies renouvelables aux nouveaux services de partage.

Citons, pour exemple, dans l'habillement, les vêtements Ekyog, qui présente une performance à la fois éthique, sociale et environnementale, ou encore Les Fées du Bengale, qui collabore avec des femmes indiennes dans un respect du juste prix ; dans les cosmétiques, la nouvelle marque Kibio ; dans les accessoires, la marque Bilum, qui confectionne ses sacs à partir de bâches publicitaires et qui fait appel à des CAT (Centre d'Aide par le Travail) favorisant ainsi l'insertion de personnes handicapées ; dans l'alimentation, Soy, qui cultive du Soja Bio en France ou Bernard Gaborit, qui va bien au-delà du nécessaire pour une certification Bio ; dans le vin, le Château Couronneau, qui offre un vin bio plusieurs fois médaillé… Les exemples, nombreux, alimentent des circuits de distribution eux-aussi en expansion, que ce soit Biocop, Naturalia (groupe Monoprix) ou les Nouveaux Robinson, sans compter la forte progression des ventes en ligne, *via* Terramadre.fr, Marcelgreen. com ou Acheterbio.com…

L'AVENIR DU BIOMIMÉTISME

« *L'intérêt pour le biomimétisme explose* », affirme Prasad Boradkar, directeur de l'InnovationSpace (Arizona University). Selon l'association Biomimicry Europa, le biomimétisme, défini par la scientifique américaine Janine M. Benyus en 1997, est une démarche d'innovation qui fait appel au transfert et à l'adaptation des principes et stratégies élaborés par les organismes vivants et les écosystèmes. Cette nouvelle approche est actuellement au cœur d'innovations majeures. Citons quelques exemples, outre celui bien connu du Velcro, inspiré de la fleur de bardane : l'aiguille de seringue Nanopass 33 (Terumo) inspirée du moustique, parfaitement indolore, vendue à plusieurs millions d'exemplaires dans le monde ; les combinaisons Speedo, inspirées du requin ; UV Wood, un contreplaqué réalisé par Columbia Forest Products qui utilise un adhésif appelé PureBond inspiré des colles fabriquées par les moules bleues ; un super-adhésif inspiré du gecko ; un centre commercial à Harare, la capitale du Zimbabwe, inspiré des termitières, etc. Des chercheurs du monde entier se penchent actuellement sur la production d'hydrogène, le procédé de la photosynthèse, ainsi que sur les principes d'une agriculture auto-régénératrice. L'avenir le plus stratégique semble être du côté du photovoltaïque.

LES MAUVAIS JOUEURS
Des catastrophes souvent dues à la négligence

L'histoire des entreprises et de l'environnement présente également une face sombre, illustrée par la chronique des litiges et accidents industriels.

Rappelons la liste des accidents industriels ayant gravement affecté les hommes et l'environnement :

- 1984 : explosion chimique, Bhopal, Union Carbide ;

- 1986 : explosion nucléaire, Tchernobyl ;

- 1989 : marée noire, Alaska, Exxon Valdez ;

- 1999 : marée noire, Bretagne, Erika, Total ;

- 2001 : explosion, Toulouse, usine AZF ;

- 2006 : fuites de pipelines, Golfe du Mexique, BP et Transocean ;

- 2010 : marée noire, Deep Water Horizon BP et Transocean ;

- 2011 : incendie nucléaire, Fukushima, Tepco.

Ces accidents s'expliquent le plus souvent par une négligence sur le plan de la sécurité et un arbitrage en faveur de la rentabilité financière. Le rapport de l'agence fédérale américaine du Chemical Safety Board indique au sujet de la marée noire de BP en 2010 « de multiples carences dans le système de gestion de la sécurité qui ont contribué à l'accident ».

Les sanctions pénales se sont durcies avec le temps et forment peu à peu une jurisprudence dans laquelle le « préjudice écologique » se fait une place dans le droit. En témoignent les conclusions des procès Total pour l'Erika ou Chevron pour les dévastations environnementales causées par sa filiale Texaco en Amazonie. Les premiers procès pour « biopiraterie » au Brésil incriminent eux aussi de grandes entreprises mondiales et européennes. La réalité juridique du principe « pollueur-payeur » s'installe, ainsi que les droits des peuples autochtones, démontrant un tournant majeur de nature culturelle.

Du lobbying anti-écologie

Les ONG (Sherpa, Greenpeace, Friends of the Earth, etc.) publient régulièrement des rapports sur les actions de certaines entreprises contre l'environnement et ses défenseurs. Le rapport « Greenwash+20 », réalisé par Greenpeace en 2012, accuse notamment plusieurs transnationales de pratiquer un lobbying actif anti-écologie : Syngenta, Shell, Duke Energy, Asia Pulp & Paper, JBS (leader mondial de la viande, entreprise brésilienne), etc.

En février 2012, le célèbre blog DeSmogBlog a révélé des mécanismes « d'orientation » de la réalité scientifique imputables à l'Institut Heartland, haut lieu de la lutte contre la reconnaissance officielle du réchauffement climatique, financé par des transnationales comme Koch Industries, le plus gros conglomérat pétrochimique américain, ainsi que Microsoft, Pfizer, GlaxoSmithKline et les cigarettiers RJR Tobacco (Camel, Winston, etc.) et Altria. On apprend par cette fuite que cet institut a disposé d'un budget de 6 millions d'euros en 2012 et qu'il a financé des scientifiques, des auteurs et des blogueurs, dont le rôle a été de s'opposer systématiquement au consensus sur le réchauffement climatique.

Des manœuvres de ce genre ont parfois été révélées par les scientifiques eux-mêmes impliqués dans ces démarches. Ainsi, le professeur Richard Muller a annoncé publiquement dans le *New York Times* le 28 juillet 2012 son renoncement au climato-scepticisme, avec une accroche éloquente « *Call me a converted skeptic* » (« Appelez-moi un sceptique converti »), suite à ses travaux dans le cadre du Berkeley Earth Surface Temperature Project (juillet 2012), une étude qui devait infirmer la réalité du réchauffement climatique, financée entre autres, par la Charles G. Koch Charitable Foundation à hauteur de 150 000 dollars, et qui, en fin de compte, le confirme, dans les mêmes proportions que le GIEC.

En France, la fondation de Claude Allègre, Écologie d'avenir, créée à l'été 2011, affiche fin 2012 sur son site Internet ses partenaires : Alstom, Limagrain, EDF, Cristal Union et Schlumberger. Par ce soutien, ces entreprises apportent leur caution au plus médiatique climato-sceptique français…

Les ONG Friends of the Earth (rapport « Reclaim the UN » 2012) et Greenpeace (rapport « Greenwash+20 » 2012) vont plus loin. Elles dénoncent le lobby anti-environnement des grandes entreprises au sein des Nations unies réalisé dans le cadre de partenariats pourtant affichés comme pro-environnement. De Global Compact à Sustainable Énergies For All (SEFA), elles accusent ces initiatives d'être pilotées par les transnationales les moins actives. Elles accusent REED, le mécanisme de Réduction des émissions liées à la déforestation et à la dégradation des forêts mis en place par les Nations unies, d'être influencé par les grandes entreprises au point de ne comporter aucun volet de sanction pour les acteurs de la déforestation illégale et de financer de bonnes actions de multinationales par ailleurs coupables de déforestation illégale. L'échec de Rio +20 et son rapport final frileux est également imputé selon ces deux ONG à l'influence des entreprises. Selon Friends of the Earth, la faiblesse du résultat final du Sommet s'explique par l'intégration, à différentes échelles de l'élaboration du document final, du point de vue des transnationales qui, au-delà de la promotion de la croissance verte, y défendraient une position antiréglementaire et anti-contraignante.

Force est en effet de constater que depuis le Sommet de Johannesburg en 2002, les grandes entreprises et leurs organismes fédérateurs comme le WBCSD (World Business Council for Sustainable Development) ou BASD (Business Action for Sustainable Development) ont tenu des discours engagés en faveur de l'environnement assortis d'une posture très ferme contre toute réglementation. Cette méthode qui fait confiance aux entreprises, dominante depuis le début du troisième millénaire, est de plus en plus remise en cause au regard de ses résultats pour l'instant décevants.

Cependant, d'autres voies, à la fois pro-entreprises et pro-réglementation, se dessinent actuellement. Benoît Leguet, directeur de la recherche de CDC Climat, affirme qu'une intervention étatique est dans l'intérêt des entreprises qui veulent avancer en matière d'environnement. Par ailleurs, les vertus des solutions mixtes à la fois contraignantes et de marché sont actuellement testées à très grande échelle en Chine. Ainsi, le vaste projet de bourse de crédits d'émissions carbone de la province chinoise du Guangdong concerne plus de huit cents entreprises émettant plus de vingt mille tonnes de dioxyde de carbone annuelles.

LA MAFIA ET LES ACTIVITÉS ILLÉGALES : LA MENACE LA PLUS LOURDE SUR L'ENVIRONNEMENT

Les activités commerciales illégales sont chaque jour plus lucratives. Le trafic de bois est estimé à 30 milliards d'euros de chiffre d'affaires par an, celui des espèces en voie de disparition rapporterait au Brésil 2 milliards d'euros par an. La chute de la biodiversité s'avère un cercle vicieux, la rareté des espèces provoquant un accroissement de leur valeur et du coup une plus grande exploitation. Selon les ONG Traffic et l'UICN, ainsi que le Centre mondial de surveillance de la conservation de la nature, l'ivoire vaut actuellement 600 euros le kilo, un manteau en peau de chat léopard du Bengale se vendrait 450 000 euros. Selon Legambiente, spécialisé dans l'éco-mafia (activités de la mafia relatives au « business » de l'environnement), en 2011, le nombre des crimes contre l'environnement en Italie s'est élevé à 33 817 (plus de 92 par jour), impliquant 296 clans mafieux (+ 6 rapports à 2010) pour un chiffre d'affaires de 16,6 milliards d'euros. La majorité des crimes (47,7 %) a été perpétrée dans les régions traditionnellement liées à la mafia ; 22 % de ces actions concernent des délits contre la faune (le commerce d'espèces protégées, le commerce de peaux, le braconnage, les combats de chiens, l'abattage, etc.). Face à ces crimes, seules 305 arrestations ont eu lieu, pour 27 969 plaintes.

Une baisse de légitimité

Les catastrophes industrielles provoquées par des entreprises qui se présentaient comme vertes, BP en tête, les abus publicitaires du *greenwashing* ainsi que les campagnes de dénonciation d'ONG, dans un contexte culturel français de défiance générale vis-à-vis de l'entreprise, contribuent à la chute de la légitimité des entreprises sur la question environne-mentale. Lorsque l'on demande aux Français si les entreprises sont très, assez, peu, ou pas du tout mobi-lisées sur la thématique du développement durable, 57 % répondent que les entreprises ne sont pas mobi-lisées (46 % peu mobilisées, plus de 11 % pas du tout mobilisées) et seuls 4 % des Français pensent que les entreprises sont très mobilisées (« Les entreprises et le développement durable » InterfaceFlor 2010). Selon cette même étude, les associations de consommateurs, les consommateurs et les collectivités locales jouent un rôle plus important pour le développement durable que l'entreprise.

Autre signe de défiance, 67 % des Français pen-sent que quand les entreprises parlent de leurs actions pour protéger la biodiversité (sauvegarde d'espèces menacées, protection d'espaces naturels, etc.), ces actions de protection de la biodiversité « ne sont pas vraiment sincères et ne sont que des prétextes pour communiquer » (Baromètre Entreprise et Biodiversité Ifop – WWF 2010).

Enfin, sur la question du *greenwashing*, la propor-tion de Français qui affirment qu'il y a trop de messages publicitaires sur la consommation responsable est de 43 % et celle de ceux qui déclarent ne plus supporter les messages des marques sur l'environnement est de 35 % en 2012 (« Les Français et la consommation responsable » Ethicity-ADEME-Aegis 2012).

GÉNÉRATION Y : UNE ÉLITE DIFFÉRENTE

La jeunesse française exprime des angoisses croissantes vis-à-vis de la crise économique et affiche un désir de consommation inégalé. Parallèlement, son avant-garde met en route un changement de modèle de la société, au travers de son goût pour l'écologie, l'entrepreneuriat social et solidaire, les dynamiques collaboratives en ligne et le développement durable.

La génération dite Y (ou génération « why »), diplômée porte aujourd'hui des ferments de transformation structurelle de la société. Pour la première fois, certains des plus diplômés, bifurquent de « la voie royale », après leurs études ou un premier poste prestigieux dans un cabinet de conseil en stratégie, pour participer à un nouveau modèle de société. En témoignent les équipes d'Utopies, le cabinet d'Élisabeth Laville, garni d'ex-HEC (comme elle) de moins de trente ans ou encore les équipes de Carbone 4, truffées de jeunes polytechniciens et centraliens gagnant le tiers des rémunérations auxquelles ils pourraient prétendre ailleurs, pour collaborer avec Alain Grandjean et Jean-Marc Jancovici, X aussi.

Pour la première fois, certains des meilleurs esprits bifurquent vers des voies alternatives, par conscience, par envie de construire et non de s'opposer. Car il s'agit bien de construire «avec» le monde actuel et non «contre».

Des entrepreneurs d'un nouveau genre

Prenons l'exemple de Ghislain Morillion et de Sébastien Kopp, diplômés de Dauphine et d'HEC, co-fondateurs à l'âge de vingt-six ans en 2004 de la marque de baskets Veja, fleuron français de l'entrepreneuriat vert et éthique, déjà évoquée plus haut. Ils vendent actuellement cent vingt mille paires par an, une niche agrandie par les stars hollywoodiennes et par les bobos. Sébastien Kopp nous raconte l'origine de la création de l'entreprise : «*Après nos études, nous avons fait un voyage autour du monde pour regarder sur place les engagements philanthropiques des grandes entreprises. Là, toutes nos illusions sont tombées. À notre retour, nous avons eu l'idée de créer un modèle à partir de zéro, fondé sur l'écologie, le social, le commerce juste, et faire la preuve que c'était possible. C'est parti comme ça.*» Plus intéressant encore, sa vision de son avenir : «*Croître de façon raisonnable, c'est notre cap. Nous avons reçu des offres mirobolantes de rachat par les plus grandes enseignes, que nous avons refusées catégoriquement. De même pour les circuits de distribution plus importants. Nous voulons maîtriser notre croissance. Je crois que notre plus grande force est de toujours privilégier notre projet par rapport à l'argent.*»

Autre spécimen de cette génération, Benjamin Tincq, ingénieur télécom et ancien consultant en stratégie, aujourd'hui cofondateur et co-animateur de

OuiShare, collectif international composé d'entrepreneurs, journalistes, chercheurs, designers, activistes et citoyens engagés pour le développement de l'économie collaborative. Dans cette mouvance figure également Erwan Le Louer, diplômé d'une école de commerce, qui a créé en 2008 JEM, la première marque de luxe à base d'or éthique, évoquée plus haut. Erwan nous confie : « *Affirmer dans la joaillerie que la valeur du produit peut résider dans la manière d'extraire sa matière première est une rupture culturelle que je suis fier d'amorcer.* » Autre cas de figure similaire, Bhaskar Neel, ingénieur et diplômé de l'Imperial College de Londres, quitte sa carrière d'ingénieur informaticien dans une multinationale française pour développer en France d'HarVa (Harnessing Value of Rural India), une entreprise indienne lauréate de plusieurs prix d'innovation sociale, qui propose des services informatiques réalisés par des femmes depuis des centres écologiques implantés en zone rurale.

Génération X : vers une prise de conscience ?

La génération X, dans l'ensemble moins mobilisée, comprend également de belles exceptions parmi son élite diplômée. Citons Arnaud Mourot, diplômé de l'ESCP, directeur d'Ashoka, pionnière dans l'accompagnement de l'entrepreneuriat social et solidaire, ou Tristan Lecomte, diplômé d'HEC, directeur de Pure Project.

Ce sont les plus jeunes de la génération X qui participent à ce changement de société, entraînés par la génération Y, comme, pour finir, Charles-Édouard

Vincent diplômé de Polytechnique et de l'université de Stanford, qui vient de fonder Emmaüs Défi, qui lutte contre la pauvreté en permettant l'insertion de SDF.

Une action plus cohérente que celle des « soixante-huitards »

Tous ces exemples démontrant une recherche de sens, de créativité et d'efficacité sociale rompent catégoriquement avec la génération 68 qui, après avoir fait un tour du monde en 2 CV, s'est retrouvée aux commandes de la publicité et, finalement, du capitalisme le plus virulent. Pour la première fois en France, une jeunesse très diplômée aspire et se tient à de nouvelles valeurs. Elle ne vise pas les postes existants, elle crée son poste, en inventant le nouveau monde qui le porte : plus écologique, plus solidaire. Elle ne vise pas l'enrichissement personnel et raisonne selon l'intérêt général. Certes, on peut estimer qu'il est facile de choisir cette voie pour des jeunes qui appartiennent à des classes privilégiées, mais c'est bien ce qui donne de la force à ce mouvement : c'est un choix. Le mouvement est tel que la Majeure «Alternative Management», la spécialisation de fin d'étude d'HEC dédiée aux aspects sociaux, éthiques et environnementaux, est aujourd'hui débordée par les demandes. Les associations étudiantes explosent elles aussi. Citons pour exemple CliMates, le *think tank* international étudiant d'origine française, engagé dans la recherche de solutions innovantes dans la lutte et l'adaptation au changement climatique, créé en septembre 2011 par des étudiants de Sciences Po.

La jeunesse actuelle veut non seulement faire du développement durable son métier, mais elle est de mieux en mieux formée. Selon le ministère de l'Éducation nationale, la troisième phase de généralisation de l'éducation au développement durable a commencé en 2011. Les enjeux éducatifs et les principes du développement durable sont désormais inscrits dans les programmes d'enseignement de l'école primaire, du collège et du lycée général, technologique et professionnel, dans une continuité pédagogique qui va permettre aux élèves de s'approprier les connaissances et les compétences de futurs citoyens sous l'angle du développement durable, tout au long de leur scolarité.

Un mouvement mondial

Ce mouvement français, certes minoritaire mais hautement significatif, n'est pas isolé. Aujourd'hui, des jeunes dans le monde entier pensent que la priorité doit être donnée à la protection de l'environnement, même si cela freine le développement économique. La génération «développement durable» est née.

Lors du Sommet de Doha (Qatar), fin novembre 2012, se mobilisait dans la rue le «*Mouvement* de la *jeunesse* arabe pour le *climat*». Le célèbre écologiste américain Bill McKibben mobilise, au travers du mouvement 350.org, des dizaines de milliers de jeunes dans le monde autour d'actions collectives visant à réagir face au réchauffement climatique.

CHINE : LES ÉTUDIANTS CHINOIS ENGAGÉS DANS L'ENVIRONNEMENT

En Chine, la mobilisation des étudiants en faveur de la protection de l'environnement est spectaculaire et démontre un nouveau rapport de la jeunesse à la responsabilité environnementale. La jeunesse diplômée joue un rôle majeur dans les soulèvements de population, auxquels elle apporte à la fois sa pratique d'Internet et ses convictions morales. En risquant parfois sa vie. Les émeutes d'août 2012 près de Shanghai, à Qidong, au sujet d'une papeterie qui allait déverser des milliers de tonnes d'eaux usées (cent cinquante mille tonnes d'eaux usées par jour) dans un petit port de pêche, ont mobilisé les jeunes. « *Protéger l'environnement est une responsabilité de notre génération, nos esprits sont plus mûrs sur ce sujet*», affirme Li Wei, étudiante de Qidong, au journal *Le Monde*. Auparavant, c'était à Shifang, contre une usine d'alliage de cuivre. Encore avant, dans la région du Guangdong, fin 2011, la jeunesse de Haimen (ville de la province de Jiangsu) s'était réunie pour protester contre la construction d'une centrale à charbon, dangereuse pour l'environnement et la santé des riverains. Plus de dix mille habitants ont participé aux manifestations, dont beaucoup de jeunes âgés de vingt à trente ans. D'ailleurs, les deux leaders du mouvement, Fang et Lin, ont à peine dépassé la vingtaine[13].

LE TEST DE L'ARCTIQUE

L'Arctique contient de nombreuses richesses souterraines : environ 13 % du pétrole non découvert dans le monde, 30 % du gaz naturel, mais aussi du zinc,

---

13. Source : *The Epoch Times*.

du nickel, des diamants, etc. La fonte de la banquise en été dégage de nouvelles voies maritimes et l'accès à ces ressources. Or cette zone est également très vulnérable écologiquement. Les conséquences du réchauffement climatique sur la banquise sont déjà là, de l'appauvrissement des communautés micro-planctoniques (lesquelles sont justement à la base de toute la chaîne alimentaire marine) à la modification des courants et des échanges entre l'océan et l'atmosphère, en passant par l'absorption de davantage de chaleur par l'océan en été, modifiant le bilan énergétique de la planète, etc. Rémy Marion, spécialiste de l'ours polaire, estime que la dislocation de la banquise se produisant plus tôt, l'ours est forcé de jeûner, car il ne trouve plus ses proies. Les femelles, elles, perdent du poids, réduisant leurs capacités reproductives.

Pour autant, la Norvège démarre les ventes de licences d'exploration dans soixante-douze « blocs » en mer de Barents et quatorze en mer du Nord. Les acteurs du tourisme sont également sur le pont, en dépit du risque écologique supplémentaire que produirait une forte fréquentation touristique de la zone.

Les assureurs s'inquiètent

La compagnie d'assurance anglaise Lloyd's alerte publiquement, dans son rapport réalisé avec la Chatham House « Risk Insight Report 2012 », sur l'exploitation rapide de cette zone en particulier concernant *« des grands risques en termes de dommages* environnementaux, pouvant potentiellement entraîner des coûts et des assurances colossales». Selon le blog d'information Oil Man, le directeur de la Lloyd's, Richard Ward, exhorte les compagnies pétrolières et minières à ne pas «se précipiter», pour au contraire «prendre du recul et réfléchir attentivement aux conséquences» de l'exploitation des ressources du pôle Nord. Les plus grandes banques et firmes industrielles convoitent un milieu «hautement sensible» et difficile d'accès, désormais menacé par les marées noires ou d'autres types d'accidents probables, potentiellement incontrôlables à de telles latitudes, prévient la Lloyd's. Selon Oil Man, l'agence fédérale américaine Minerals Management Service affirme qu'il existe une chance sur cinq pour que les blocs de concession situés dans l'océan Arctique ou à proximité de l'Alaska soient à l'origine d'une marée noire importante au cours de leur durée d'exploitation. En cas de catastrophe, les conditions climatiques extrêmes et l'éloignement géographique sont des obstacles aux interventions de dépollution.

Total prend ses responsabilités

Total a été la première compagnie pétrolière à tenir compte de ce risque et à annoncer officiellement début octobre 2012 dans le quotidien économique britannique *Financial Times* son refus d'investir dans la zone. Le P-DG de Total, Christophe de Margerie, y explique que «*les industriels devraient s'abstenir de chercher du pétrole dans ces eaux, car les risques liés à l'environnement y sont trop élevés*» et qu'«*une marée noire ferait trop de dégâts pour l'image de la compagnie»*. Cette position confirme le rôle de l'environnement dans les risques de réputation et les risques marché des industriels. La perception de ces derniers l'emportera-t-elle? L'avenir le dira.

Chapitre 5

ÉNERGIES RENOUVELABLES : L'IMPASSE ?

1 %, EST-CE BIEN RAISONNABLE ?

Les énergies dites renouvelables (solaire, éolien, géothermie, etc.) se trouvent au cœur de la dynamique écologique, pour de nombreuses raisons :

- Elles sont moins émettrices de GES, donc apportent une réponse à l'enjeu du réchauffement climatique.

- Elles pourraient éviter l'épuisement des ressources non renouvelables (pétrole, charbon, gaz, etc.).

- Elles sont pour certaines autonomes, offrant des solutions locales, décentralisées, plus légères.

- Elles nécessitent des infrastructures moins importantes et dévastatrices que des mines de charbon à ciel ouvert ou des forages pétroliers en mer.

- Outre la production d'électricité, elles rendent des services essentiels aux besoins humains : chauffage, eau chaude, etc.

Bien que plébiscitées à la fois par les écologistes et les climatologues, ainsi que par certains grands dirigeants comme Jean-Laurent Bonnafé, directeur général de BNP Paribas, les énergies renouvelables rencontrent de nombreux obstacles, tant du côté de la faiblesse des investissements et des déploiements, que du côté de l'augmentation des controverses qu'elles suscitent.

Dans ce chapitre, nous allons parler de MW, GW et TW. Résumons rapidement ces ordres de grandeur. Commençons par le watt : par exemple, la sortie d'un panneau solaire photovoltaïque 120 W. Le Kilowatt (KW) correspond à 10^3 watts, le Mégawatt (MW) à 10^6 watts, le Gigawatt (GW) à 10^9 watts, le Térawatt (TW) à 10^{12} watts, puis viennent le Pétawatt, Exawatt, le Zettawatt et enfin le soleil : sa luminosité se calcule en Yotawatt.

Les énergies renouvelables occupent actuellement une place discrète en France. Une faible constance dans l'action publique, le manque de moyens pour la recherche publique et privée, le soutien minime financier à l'initiative individuelle, la bonne réputation du nucléaire considéré comme une énergie « sans CO_2 », ainsi que les résistances culturelles dues aux mentalités sont les principales raisons de cet état de fait.

En termes d'approvisionnement, si l'on compte l'hydraulique à part et que l'on enlève le bois, les énergies « nouvelles renouvelables » (éolien, photovoltaïque, géothermie, agrocarburants, biogaz) représentaient seulement 1 % de l'approvisionnement français en 2010, selon Manicore, le site de Jean-Marc Jancovici.

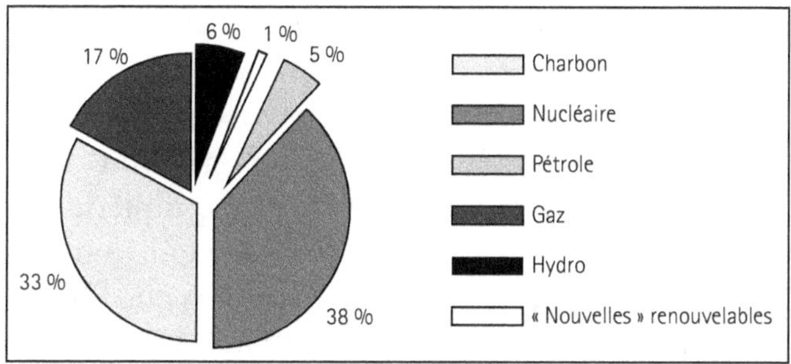

Source : Manicore – BP Statistical Review, 2011

En 2011 en France, les capacités totales des énergies renouvelables étaient de 18 GW (éolien 6,3 GW, petit hydraulique 7,6 GW, solaire photovoltaïque 2,7 GW, biomasse et déchets 0,84 GW), ce qui représente 3,5 % du total des pays du G20. Ces 18 GW ne sont pas à comparer avec les capacités de grands pays comme la Chine, qui a une puissance installée de 133 GW, ou avec les États-Unis qui ont 93 GW, mais avec l'Allemagne qui a 61 GW (soit trois fois plus), l'Espagne 32 GW et l'Italie 28 GW[14].

La comparaison des investissements par pays et secteurs en 2011 (en milliards de dollars) montre clairement la place mineure de la France. Située en douzième position, elle est dépassée par l'Espagne, l'Italie, le Royaume-Uni, l'Inde et, bien sûr, l'Allemagne, la Chine et les États-Unis.

---

14. Selon le rapport 2011 *« Who's Winning the Clean Energy Race? »*, The Pew Charitable Trusts & Bloomberg New Energy Finance.

En 2011, la France a investi 5 milliards de dollars dans les énergies renouvelables, principalement l'éolien et le solaire. Pendant ce temps, les États-Unis ont investi 48 milliards de dollars, la Chine 45,5, l'Allemagne 30,6 et l'Italie 28. Les cinq milliards de la France représentent donc dix fois moins que les États-Unis mais également six fois moins que l'Italie, toujours selon le rapport 2011 *« Who's Winning the Clean Energy Race? »* 2011. L'intensité de l'investissement comparée au PIB est elle aussi révélatrice. Lorsque l'Italie, première sur ce critère d'analyse, investit 1,58 % de son PIB et l'Allemagne 1,04 %, la France est à 0,2 %. Au premier trimestre 2012, selon Bloomberg New Energy Finance, les plus gros projets européens concernaient la Roumanie (ferme éolienne, 150 MV) et la Bulgarie (installation de panneaux photovoltaïques, 60,4 MV). Le capital-risque a concentré ses plus gros investissements pour des start-up américaines et anglaises. En aucun cas la France ne figure en tête.

L'étude européenne «Le défi climatique : quelles réponses des entreprises» 2012 de l'agence de notation extra-financière Vigeo affirme : *« En matière de développement des énergies renouvelables, si les entreprises affichent un niveau d'engagement relativement élevé, les capacités installées et les résultats sont en deçà des objectifs. »* Dans cette étude, la France se situe en dessous du niveau européen.

La France en retard sur presque toutes les technologies clés

Nous n'analyserons pas toutes les technologies vertes, mais certaines considérées comme stratégiques, en nous appuyant sur la sélection faite par le CGDD dans son rapport de 2010 « Filières industrielles stratégiques de l'économie verte ». Pour la plupart d'entre elles, nous verrons que la France prend du retard par rapport à d'autres pays, y compris en Europe. L'état des lieux sur ces technologies s'appuie sur différentes sources[15].

PANORAMA DES ÉNERGIES RENOUVELABLES

Selon l'observatoire des énergies renouvelables Observ'ER, celles-ci sont au nombre de cinq et reposent sur des sources naturelles variées : le soleil, le vent, l'eau, le vivant et la terre.

- Le soleil : deux énergies en découlent, le solaire thermique (des capteurs solaires produisent de l'eau chaude sanitaire ou du chauffage, mais des capteurs solaires dits « haute température » peuvent aussi produire de l'électricité par l'intermédiaire de vapeur) et le solaire photovoltaïque (qui produit de l'électricité à partir de la lumière du soleil).
- Le vent, donc l'éolien : les aérogénérateurs, mis en mouvement par le vent, produisent de l'électricité. Cependant, des éoliennes mécaniques servent aussi à pomper de l'eau dans de nombreux pays.
- L'eau : il s'agit de la petite hydroélectricité désignant des centrales ne dépassant pas 10 MW de puissance. Des turbines installées sur les cours d'eau

---

15. CGDD, Kurt Salmon, EurObserv'ER, GreenUnivers, RTE, Pew Charitable Trusts, Photon International.

utilisent la force motrice des chutes pour générer de l'électricité[16].
- Le vivant : il s'agit de la biomasse (qui réunit le bois, la paille, les rafles de maïs...), le biogaz et les biocarburants. Le biogaz est issu de la fermentation des déchets organiques ; sa combustion produit non seulement de la chaleur, mais également de l'électricité par cogénération. Les biocarburants proviennent de plantes cultivées (tournesol, betterave, colza, etc.). Parmi les biocarburants, il faut distinguer trois générations : la première est issue de cultures également utilisées pour l'alimentation humaine (maïs, blé, colza, etc.) ; la deuxième utilise des plantes ou matières non consommables dans l'alimentation humaine (déchets de bois, canola, switchgrass, etc.) ; enfin la troisième fait produire des biocarburants aux algues.
- La terre : la géothermie utilise la chaleur du sous-sol pour chauffer, voire produire de l'électricité par vapeur interposée si la température est élevée.

L'éolien : un retard difficilement rattrapable

Concernant l'éolien terrestre, la France est très en retard par rapport à la Chine, l'Espagne ou encore l'Allemagne. En 2011, elle était absente du « Top 10 » du classement de la puissance éolienne pour mille habitants dans les pays de l'UE. La France ne figure pas non plus dans la liste des dix premiers fournisseurs mondiaux de l'éolien (Vestas, Sinovel Wind, GE Wind, Goldwind, Enercon, Suzlon, etc.) en 2012.

L'Hexagone fait partie des derniers pays à investir dans l'éolien offshore. Là encore, il se place derrière

---

16. Cette petite hydroélectricité appartient à la filière hydraulique, qui comprend également les grands barrages et les usines marémotrices.

le Royaume-Uni, l'Allemagne, le Danemark, l'Irlande, la Belgique et le Portugal. 2012 est cependant une année de réveil en France sur cette technique très controversée en termes de coûts d'installation et surtout de maintenance. Rappelons que le Grenelle Environnement a fixé un objectif de 6 GW. EDF et Alstom sont les principales entreprises françaises gagnantes des premiers marchés français offshore.

Le principal frein de l'éolien est culturel : son intégration dans le paysage n'est majoritairement pas acceptée par la population et les élus. Il pâtit également d'un frein technologique : il dépend pour son développement des technologies de stockage, aujourd'hui seulement émergentes.

Le solaire : une goutte d'eau après une grande soif

Sur le solaire (Photovoltaïque 1G), la France est en panne, loin derrière les États-Unis, la Chine et l'Allemagne. En 2011, le solaire ne dépassait pas 150 MW environ d'installations par trimestre et en 2012, 134 MW. La répartition géographique de la production de cellules photovoltaïques en 2011 démontre que la France est largement absente de ce marché, qui se répartit entre la Chine (57,3 %), Taïwan (11 %), le Japon (6,9 %), l'Allemagne (6,7 %), etc. La réaction du gouvernement Ayrault à l'automne 2012, remontant le prix d'achat par EDF, après deux années de baisse consécutive, devrait le sauver, mais les décisions prises sont insuffisantes pour lui donner une chance sur le marché mondial.

Le photovoltaïque de troisième génération (3G) permettra de s'affranchir des matériaux rares comme le silicium qui sont coûteux et toxiques. Des cellules en plastique, avec un rendement de 10 %, font par exemple partie de cette voie. C'est l'avenir du solaire qui est en jeu, avec la possibilité d'intégrer des cellules photovoltaïques dans des matériaux de construction (verre, brique, peinture, etc.). Sur ces technologies, la France se situe derrière l'Allemagne et les États-Unis.

Les biocarburants : enfin du positif !

La France est bien positionnée, devant l'Allemagne et les États-Unis, sur les carburants de deuxième génération à base de matières végétales non alimentaires, stratégiques à l'heure où les surfaces agricoles doivent être impérativement préservées en période de dérèglement climatique affectant les rendements agricoles. Les concluantes phases de test de nouveaux acteurs français, comme Raisinor, utilisant le marc de raisin pour produire de l'Ethanol D95 sont encourageantes.

Les biocarburants de troisième génération (3G) utiliseront des micro-organismes photosynthétiques, comme des micro-algues et les cyanobactéries qui contribuent à environ 50 % de la photosynthèse terrestre et ont été à l'origine de la formation du pétrole. Elles sont largement disponibles, en dépit du problème de leur culture et de leur récolte, qui exige de grandes surfaces. Certes, les acteurs de ce secteur sont tous émergents, mais la France part déjà derrière les États-Unis, Israël et les Pays-Bas.

Les énergies marines : un avenir encore flou

Qu'elles soient marémotrices ou houlomotrices, les énergies marines sont stratégiques. Pourtant, la recherche n'en est qu'à ses débuts et les moyens mis en œuvre restent peu importants au regard du potentiel et des efforts de R&D nécessaires pour relever ce défi. L'Angleterre et l'Irlande sont déjà devant la France, qui démarre à peine sur ce secteur. L'initiative France Énergies Marines, créée au printemps 2012 pour structurer la filière, est balbutiante.

Stockage d'énergie : les atouts de la France

Enfin, en aval, les technologies de stockage de l'énergie jouent un rôle déterminant pour l'avenir. Si l'électricité peut être stockée facilement, tout devient possible, notamment une production décentralisée et autonome, etc. Ce pari jugé impossible pourrait être réalisable si d'immenses efforts de R&D étaient conduits. En attendant de stocker l'électricité, le stockage de vecteurs d'électricité progresse. Concernant les batteries et le stockage d'hydrogène, la France possède des atouts dans ce domaine : McPhy, Batscap, Saft, etc. La France démarre bien, mais se place loin derrière l'Asie.

LA CULTURE ÉNERGÉTIQUE FRANÇAISE EST-ELLE DÉPASSÉE ?

Les mentalités constituent le frein le plus sérieux au développement des énergies renouvelables. La culture énergétique française est marquée par un passé glorieux, un sentiment hégémonique et un caractère centralisé et monopolistique impliquant des prix fixés en dehors de toute logique concurrentielle. Derrière l'image de «modernité» que le nucléaire a imposée en France, la culture énergétique française est conservatrice et façonnée par des corps d'État dont la formation intègre peu les technologies alternatives, les enjeux sociétaux ou les défis environnementaux.

Le défi énergétique porté par les énergies renouvelables suppose un changement de paradigme impliquant une décentralisation de l'énergie et une diversité d'énergies. Il ne s'agit plus d'être mono-technique avec le nucléaire, mais de maîtriser près d'une dizaine de techniques, dont bon nombre restent à développer. Plus dérangeant encore, le principe d'efficacité énergétique repose sur la valeur de l'énergie non consommée, donc non facturée et non produite… Penser que l'avenir énergétique est dans une «non-consommation» s'avère aussi loin de la norme que le principe de déconsommation.

Céline Alléaume, Senior Manager chez Kurt Salmon, nous confie : «*Les trois caractéristiques de la doctrine énergétique française, à savoir un pilotage centralisé des investissements, des prix de détail de l'énergie les plus bas d'Europe, ainsi qu'une forte concentration du mix technologique électrique sur le nucléaire, touchent à leur fin. Notre génération va vivre un tournant historique, vers une décentralisation et une forte diversification des technologies et des usages énergétiques. Ce que l'on appelle pour l'heure une transition énergétique va* se révéler dans la décennie être une véritable révolution énergétique. Les effets combinés de la crise économique européenne, de notre dépendance aux importations en combustibles et leur impact sur notre PIB et de l'aggravation du changement climatique vont conduire le secteur de l'énergie vers l'ère des nouvelles technologies, celles des smart et des green techs, une révolution proche de ce qu'a représenté la rupture Internet dans notre vie de citoyens. Cette révolution aura un coût, celui que nous serons prêts à assumer, économiquement, mais aussi et surtout par la modification de nos comportements individuels. C'est ici désormais que doit se poursuivre le débat pour évoluer vers un nouveau modèle énergétique, plus sobre, mais durable. Cette voie plus écologique n'a dans le fond que deux obstacles : les habitudes et les mentalités. »

Pour Jean-Michel Valantin, chercheur en stratégie et sécurité environnementale (Centre interdisciplinaire de recherche pour la paix et la sécurité), le développement durable se révèle un choc culturel qui ne peut être absorbé rapidement ; mais pour lui, la transformation est en marche.

UN CHANGEMENT DE PARADIGME

Les énergies renouvelables, comme le solaire et l'éolien, se situent au cœur d'une « troisième révolution industrielle » annoncée par l'économiste américain Jeremy Rifkin. Selon lui, il s'agit d'un nouveau paradigme économique capable de transformer le monde qui, comme les deux précédentes révolutions industrielles, va changer radicalement tous les aspects de notre façon de travailler et de vivre. De quoi s'agit-il ? Du couple composé par les énergies renouvelables et Internet. La solution Rifkin consiste à transformer tous les bâtiments existants en dédoublant leur usage : lieu d'habitation et microcentrale électrique. Selon lui, des centaines de millions d'êtres humains vont produire leur propre énergie verte dans leurs maisons, leurs bureaux et leurs usines et la partager entre eux sur des réseaux intelligents d'électricité distribuée, exactement comme ils créent aujourd'hui leur propre information et la partagent sur Internet. Cette production d'énergie non plus « centralisée », mais « distribuée », l'énergie circulant dans le réseau de manière « intelligente », comme l'information circule sur Internet, s'impose aujourd'hui comme une solution crédible à la diminution de la production de pétrole et au changement climatique, permettant une gestion plus durable des ressources et une survie de l'économie. Utopique ? Jeremy Rifkin est l'un des auteurs les plus commentés aux États-Unis, consulté régulièrement par José Manuel Barroso, président de la Commission européenne, par des chefs de gouvernement comme l'Italien Romano Prodi, l'Espagnol José Luis Zapatero ou l'Allemande Angela Merkel. Mais aussi par les collectivités locales, comme l'agglomération de Rennes, qui vise à mettre son modèle en œuvre.

Il nous confie : «*Contrairement aux apparences, l'écologie n'est pas rejetée, mais elle fait l'objet d'un processus d'acculturation inédit dans l'histoire des décisions politiques et des mentalités de notre pays. Simplement, comme tout grand processus de changement de paradigme, il n'est pas linéaire et procède de plusieurs échelles en même temps.*»

FIN DU PÉTROLE : LE SOLAIRE GAGNANT ?

Le «*peak oil*» désigne le moment où l'augmentation de la demande de pétrole ne pourra être suivie par une augmentation de l'offre, du fait d'une baisse du stock mondial de pétrole disponible, ce qui enclenchera des pénuries et une augmentation de son prix. Pierre-René Bauquis, ancien directeur stratégie et planification de Total, affirme sur le blog Oil Man que le «*peak oil*» devrait se produire vers 2020 (à plus ou moins cinq ans). L'ensemble des découvertes pour 2011 est estimé à quinze milliards de barils, c'est-à-dire le même ordre de grandeur que les deux années précédentes : treize en 2009 et dix-neuf en 2010. Ces chiffres sont à comparer avec la consommation mondiale annuelle, qui est d'environ trente milliards de barils, le double. Pour Jean-Marc Jancovici, «*le vrai pic de production pour le pétrole conventionnel est peut-être passé dans le milieu de la décennie 2000-2010, mais pas pour la production de pétrole tout court, "grâce à" la montée en puissance du non-conventionnel (offshore profond et extra-lourds)*».

Simulation de la production de pétrole pour le monde
dans son ensemble en milliards de barils par an
(un baril = 159 litres)

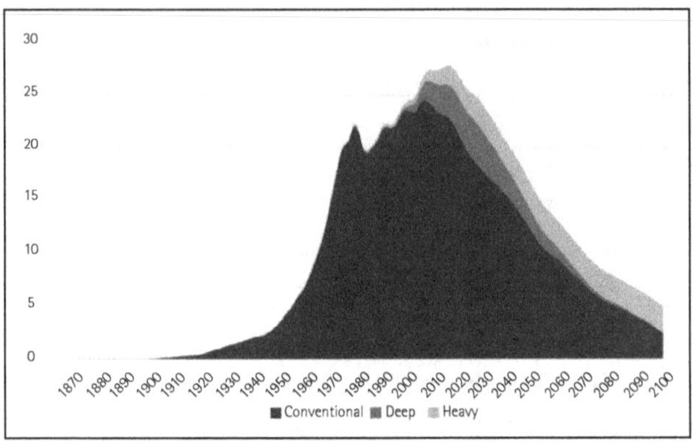

Source : Manicore, « Transport energy futures : long-term oil supply trends and projections », Australian Government, Department of Infrastructure, Transport, Regional Development and Local Government, Bureau of Infrastructure, Transport and Regional Economics (BITRE), Canberra (Australie), 2009

L'économie mondiale dépend de la question du *peak oil*. Comment remplacer le service qu'apporte le pétrole si sa production venait à diminuer, sachant qu'il se trouve au cœur du PIB ? C'est toute la question de la transition énergétique. L'équation est particulièrement difficile à résoudre en période de crise, donc de lutte contre la chute du PIB. Pour cela, il est nécessaire de faire entrer des éléments nouveaux, comme le coût du capital, une vision de moyen et de long terme, un scénario d'évolution du PIB intégrant une « non-réaction » (rompant avec la simple projection de la situation actuelle), ainsi que les premiers modèles économiques gagnants des secteurs les plus avancés, comme celui du bâtiment.

Le débat sur la transition énergétique en cours est l'occasion historique pour la France de réussir sa mutation, gage de compétitivité.

Et si «Janco» avait tort (pour une fois)?

Pour Jean-Marc Jancovici, les alternatives au pétrole ne sont pas nombreuses. Selon ses calculs, à l'été 2012, le coût en centimes d'euros de capital par kWh produit, calculé d'après la durée de vie des équipements, est actuellement le suivant: le photovoltaïque est à 16 centimes, l'éolien en mer à 5, l'éolien terrestre à 2,8, le nucléaire EPR à 0,8, le charbon à 0,5 et le gaz à 0,2. Pour lui, le gaz, le charbon avec séquestration du carbone puis le nucléaire raflent donc la mise et «*tout argent mis dans les énergies renouvelables pour remplacer de l'énergie nucléaire est sans effet pour diminuer la dépendance aux combustibles fossiles et pour éviter les récessions futures liées aux chocs pétroliers futurs*».

Cependant, d'autres expertises vont à l'inverse du célèbre polytechnicien à la fois très engagé contre le changement climatique et pro-nucléaire. Les rapports d'organisations écologistes (Réseau «Sortir du Nucléaire», négaWatt, Greenpeace, etc.), mais également les scénarios Blue Map de l'AIE (Agence internationale de l'énergie), le rapport SRREN (Special Report on Renewable Energy Sources and Climate Change Mitigation) du GIEC, tout comme les expertises de grands cabinets de conseil en stratégie comme Kurt Salmon indiquent d'autres pistes, démontrant l'intérêt des énergies renouvelables et l'inconvénient de la piste nucléaire-charbon. Leurs arguments concernent les coûts exorbitants du nucléaire et d'un charbon assortis d'une technique de captage de CO_2.

Selon le cabinet Kurt Salmon, le solaire va s'imposer de façon massive, prévision supposant que les techniques de stockage déjà évoquées vont progresser. En effet, le solaire est non seulement une ressource inépuisable avec un potentiel illimité (1 jour = 100 % des réserves mondiales de pétrole), mais il est aussi présent partout dans le monde. De plus, jamais le coût d'une technologie n'a baissé aussi vite en si peu de temps : de 600 euros le MWh en 2008 à 200 euros le MWh en 2012, avec la perspective de 85 euros le MWh d'ici 2014, puis 50 euros le MWh en 2025 sans rupture technologique majeure (dans les meilleures conditions). En France, la parité entre le prix de l'énergie solaire et celui du nucléaire pourrait être atteinte dès 2017.

L'avantage du solaire ne s'arrête pas là. Elle est la seule énergie fondée sur la microélectronique (technologies non propriétaires et suivant la loi de Moore des rendements croissants depuis 1970). Selon le professeur australien Martin Green (UNSW), il serait possible d'atteindre des rendements de 74 % (les maximums étant autour de 30 %). Dernier argument : la sécurité. Fin 2012, la piscine du réacteur 4 de la centrale nucléaire de Fukushima n'était toujours pas stabilisée.

Chapitre 6

L'EFFET SURPRISE DES RISQUES GLOBAUX

UNE AGGRAVATION CLIMATIQUE EN COURS

Comme le disait le philosophe allemand Hegel, les faits sont têtus. Que l'homme change ou non, les conséquences de ses actions passées et présentes sont en route et ne vont pas s'arrêter. « L'écologie, c'est fini » dans la tête d'un nombre, hélas, important de nos concitoyens. Mais la planète va nous rappeler à l'ordre. Un réchauffement climatique d'environ deux degrés est en cours. Rappelons que le CO_2 reste cent ans dans l'atmosphère. Les tonnes de CO_2 des premiers blindés à essence de la Première Guerre mondiale sont encore au-dessus de nos têtes. Les millions de tonnes de déchets et substances déjà déversées dans la nature vont agir dans les milieux naturels et continuer à les détériorer. Les espèces disparues ne reviendront pas et celles qui ne sont plus assez nombreuses pour mélanger leurs gènes vont dégénérer. À plus de sept, huit ou neuf milliards d'habitants sur Terre, notre demande d'énergie et l'augmentation de nos richesses et de notre consommation vont continuer à vider les sous-sols et les mers de leurs ressources. L'environnement commence et ne va cesser dans les prochains mois et années de se rappeler à nous, par des catastrophes climatiques, des crises alimentaires, des guerres du dernier pétrole, des chaleurs extrêmes, le manque d'eau, etc. À horizon cent ans, certaines villes côtières en dessous du niveau de la mer seront inondées. D'ici 2030, nous sommes déjà certains d'avoir considérablement dégradé nos conditions de vie.

Le réchauffement avance

Ces tendances vont s'accentuer, car nous ne faisons rien ou pas assez pour les arrêter. L'accélération du changement s'explique, rappelons-le, par des émissions de GES croissantes. Selon le GIEC, les émissions mondiales de GES imputables aux activités humaines ont crû depuis l'époque préindustrielle, augmentant de 70 % entre 1970 et 2004. À l'occasion du Sommet de Rio en 2012, le bilan des vingt dernières années, de 1992 à 2012, en matière de réchauffement climatique, dressé par le PNUE, montre que sur cette brève période, le CO_2 a augmenté de 36 %, la concentration de CO_2 dans l'atmosphère a gagné 9 %, avec une hausse de la température terrestre d'un demi-degré, comparé à la moyenne 1950-1990. Dix-huit années sur vingt ont connu des records de températures, la fonte de la banquise s'est accélérée, les océans se sont réchauffés d'environ un demi-degré, le niveau de la mer a augmenté de 2,5 mm par an, les océans se sont acidifiés, modifiant les écosystèmes marins, les glaciers ont fondu plus rapidement, enfin l'Arctique a perdu chaque année de sa superficie.

Et ce n'est pas fini. Selon le GIEC, les émissions mondiales de GES continueront d'augmenter au cours des prochaines décennies. Cette prévision est confirmée par l'IEA : d'ici 2030-2035, les émissions de CO_2 vont s'accroître de 20 % par rapport à la période 2008-2010 et la température montera d'un demi à un degré, du fait de la croissance de la demande d'énergie primaire, à l'origine des émissions. La poursuite des émissions de GES au rythme actuel ou à un rythme plus élevé accentuera le réchauffement et modifiera profondément le système climatique au XXIe siècle. D'après la revue *Nature*, le réchauffement climatique pourrait dépasser les 2 °C dès 2030 dans certaines régions du monde (Eurasie, Afrique du Nord et Canada), et la plupart des terres en surface du monde pourraient connaître avant 2060 une moyenne des températures dépassant de 2 °C ou plus les niveaux préindustriels. Selon la « Stanford release for Climatic Change Study », de vastes zones de la planète sont susceptibles de se réchauffer si rapidement que, « *d'ici le milieu de ce siècle, les étés les plus frais seront plus chauds que les étés les plus chauds des cinquante dernières années* ». Les calculs de Météo France – IPSL de février 2012, publiés dans son rapport « Changement climatique : les nouvelles simulations françaises pour le prochain rapport du GIEC », donnent pour le scénario le plus pessimiste une augmentation de la température proche de six degrés vers 2100. Selon le « projet Epicea » Météo France – Centre scientifique et technique du bâtiment (CSTB), publié en octobre 2012, il fera deux à quatre degrés de plus en région parisienne d'ici à la fin du siècle.

2012, PREUVE (SUPPLÉMENTAIRE) DU CHANGEMENT CLIMATIQUE

Si à l'échelle locale, des températures plus basses que la moyenne ont été observées, par exemple en France ou en Angleterre, juillet 2012 est un marqueur du réchauffement climatique à l'échelle globale : c'est le trois cent vingt-septième mois consécutif que la température du globe excède la température moyenne du XXe siècle. La probabilité qu'un tel phénomène arrive hors réchauffement climatique serait de 4 x 10 puissance moins 99, selon le célèbre écologiste américain Bill McKibben.

Canicule aux États-Unis

Les États-Unis ont été particulièrement touchés par la canicule au premier semestre 2012. Plus de quarante mille records de températures y ont été enregistrés depuis le début 2012 selon la NOAA (National Oceanic and Atmospheric Administration). Du 22 au 28 juin, il y a eu deux mille cent trente-deux records de températures aux États-Unis. Juillet a été le mois le plus chaud depuis 1936. Le jeudi 10 juillet, le nouveau record mondial de température a été atteint dans la vallée de la Mort (Californie) : 56,7 °C.

Fonte de la banquise

Plus au Nord, le 20 septembre 2012, la banquise atteignait 3,4 millions de kilomètres carrés seulement, au regard d'une moyenne de 6,9 entre 1970 et 2000. Le GIEC avait prévu que la banquise serait totalement fondue en été en 2080. Ces dernières observations avancent cette date à 2040.

Ouragan aux États-Unis

Le 1er novembre, l'ouragan Sandy qui a déferlé sur la côte est américaine a fait quatre-vingt-deux morts et environ 40 milliards de dollars de dégâts. Sandy est un exemple de ce que nous appelons «tempête hybride». Ce phénomène fonctionne selon les mêmes principes que les ouragans, mais a aussi à voir avec les tempêtes hivernales. Il est impossible de corréler spécifiquement Sandy au changement climatique, mais les climatologues soulèvent le fait qu'un plus grand nombre de ces phénomènes, plus puissants, plus atypiques, puisse advenir avec le changement climatique.

Les conséquences du changement climatique

Les principaux impacts du changement climatique touchant les individus sont les suivants[17] :

- Des vagues de chaleur, en particulier nocturne, une hausse de la puissance des catastrophes naturelles comme les cyclones et les typhons, davantage d'incendies dus à la sécheresse, de précipitations et de crues, d'inondations dans les régions côtières, en raison de l'augmentation du niveau des mers, un air plus chaud de moindre qualité (la pollution se fixant davantage dans les températures élevées).

Événements climatiques extrêmes et changement climatique

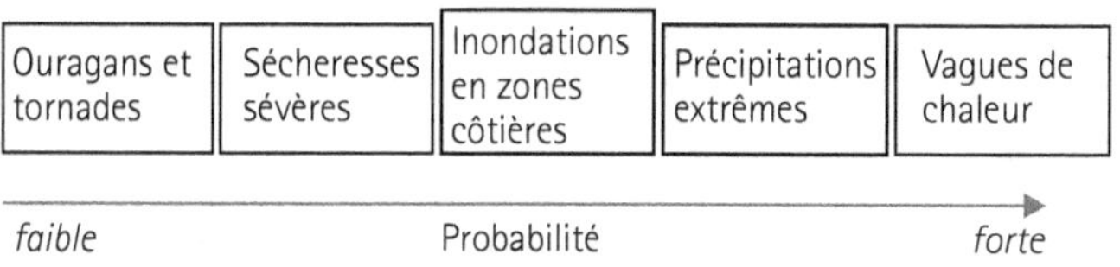

Source : Union of Concerned Scientists – IPCC SREX report 2012

---

17. Sources : climatehotmap.org, GIEC, Climate Nature.

- Sur le plan des maladies, il est à prévoir davantage d'allergènes (favorisés par les températures plus chaudes et une forte concentration de dioxyde de carbone), de maladies véhiculées par les insectes (n'étant potentiellement plus freinés par les hivers froids, en témoigne le virus du Nil) et d'origine bactérienne[18]. Cependant, les conséquences du changement ne seront pas que négatives, le radoucissement de certains hivers pouvant éviter des décès et souffrances liés au grand froid.

- La nourriture sera également affectée par le changement climatique. Il est à prévoir des rendements réduits[19], des besoins d'irrigation croissants dus à la baisse de la pluie dans certaines régions, un retard éventuel de l'agenda des plantations et des récoltes, une baisse de la fertilité, avec une migration vers des terres en plus haute altitude, moins affectées par la sécheresse, mais moins productives. On comptera également plus de parasites, d'insectes et de plantes nuisibles – dont le développement n'est plus stoppé par les hivers vigoureux –, ainsi que d'importantes variations des stocks et des types de poissons disponibles[20].

- Concernant l'eau, on peut prévoir une baisse de la quantité d'eau potable (due à la baisse de la quantité

---

18. Les migrations de bactéries sont facilitées par l'augmentation de la température de la surface de l'eau, notamment la bactérie à l'origine du choléra qui est très mobile.
19. La productivité des cultures et du bétail baisse avec la hausse des températures et la sécheresse.
20. Du fait de l'acidification des océans, rappelons que la moitié des coraux de la Grande Barrière australienne, qui jouent un rôle majeur pour la reproduction des poissons, a déjà disparu.

de neige, la fonte des glaciers, etc.) et de sa qualité (due au débordement des égouts en cas de pluies abondantes, des intrusions d'eau salée). Cela affecte les possibilités d'irrigation, le trafic fluvial (dû à la baisse du niveau des lacs, fleuves et rivières), la fourniture d'énergie[21], ainsi que les loisirs, en diminuant le nombre de jours de ski et de sports nautiques en eau douce, etc., sans oublier la baignade en mer, avec la présence de méduses, qui va se multiplier.

- Les conséquences économiques sont également considérables. Le changement climatique entraîne des coûts d'adaptation (construction de digues, renforcement des infrastructures, reconstruction après des destructions, etc.) pour protéger, entre autres, les cent cinquante millions de personnes qui seront affectées par la montée des eaux en 2070 selon l'OCDE. Sont à prévoir également une perte de productivité et une baisse d'activité dans le transport, l'agriculture, la pêche, la production d'énergie, le tourisme, etc. PwC annonce que 85 % des entreprises vont subir des désorganisations de leur chaîne d'approvisionnement du fait des effets du changement climatique[22]. Comme nous l'avons vu, les événements climatiques extrêmes sont un indicateur majeur du changement climatique. L'ouragan Sandy a une probabilité non nulle de se reproduire, or il a provoqué fin 2012, outre son

---

21. Interruptions d'énergie, *via* la baisse de la production hydraulique et le manque d'eau froide disponible pour refroidir les centrales nucléaires et à charbon.
22. «Risk ready: new approach to environmental and social change», PwC, 2012.

tragique bilan humain, une perte de 20 milliards de dollars pour l'économie américaine. Il s'agit non seulement de la destruction de logements ou d'infrastructures, mais aussi d'une désorganisation de l'économie, avec d'importants retards d'approvisionnement et des ruptures en énergie. Pour un pays comme la France, mal adapté aux épisodes climatiques extrêmes du point de vue du transport et des logements, c'est une désorganisation potentielle de l'activité économique qui est en jeu.

Pour terminer, les impacts humains les plus conséquents concernent les mouvements de populations pour cause de dégradation des conditions de vie, accompagnés de perturbations sociales pouvant conduire à des troubles civils et déclencher des interventions militaires et d'autres conséquences géopolitiques.

Trois scénarios à suivre de très près

Pour prévoir l'ampleur des conséquences du réchauffement climatique, les scénarios jouent un rôle central et sont à suivre avec la plus grande attention.

Tout d'abord bien sûr, les scénarios concernant les émissions de CO_2. Nous disposons aujourd'hui, grâce au GIEC, de scénarios prévisionnels de plus en plus précis et à la hausse.

Ensuite, les scénarios concernant la montée du niveau des mers sont tout aussi stratégiques. Nous avons, là aussi, un historique précis (même si nous savons que la mer n'est pas à zéro mètre partout dans le monde), mais les prévisions sont encore floues. Ce qui permet actuellement de préciser ces scénarios, ce sont les analyses des fluctuations des niveaux des mers passés. L'étude franco-japonaise[23] copilotée par l'éminent climatologue Édouard Bard, publiée en mars 2012 dans la revue *Nature*, montre ainsi que la dernière période d'élévation du niveau des mers due au changement climatique, soit environ cent vingt mètres sur quinze mille ans, a connu des moments d'accélération. Il y a quatorze mille six cents ans, le niveau a crû de quinze mètres en trois cent cinquante ans. La raison de cette accélération rapide était la fonte de plusieurs calottes glaciaires, en particulier celle de la péninsule occidentale de l'Antarctique. Or aujourd'hui, cette même péninsule commence à fondre. Le scénario de l'élévation du niveau des mers est donc actuellement revu à la hausse.

Enfin, les plus importants sont les scénarios de sensibilité du climat à la perturbation, autrement dit le fait de savoir si le climat réagit faiblement ou fortement à un changement. Le centre national pour la recherche atmosphérique de Boulder (Colorado) aux États-Unis, *via* son étude publiée début novembre 2012 dans *Science*, infirme les scénarios précédents qui pariaient plutôt sur des réactions lentes en démontrant au contraire que le climat réagit fortement. À la place de l'image d'un gros paquebot lent à la réaction, on se retrouve désormais devant Speedy Gonzales.

---

23. Aix-Marseille Université/CNRS/IRD/Collège de France.

Ces trois scénarios, penchant tous vers les situations les plus extrêmes, sont les nouveaux prophètes du monde à venir, à observer avec une grande attention.

UNE CONJUGAISON DE MENACES

L'épisode météorologique américain de l'été 2012 donne un aperçu de la chaîne causale du réchauffement climatique. La canicule exceptionnelle a entraîné la plus grande sécheresse depuis 1960. Selon NOAA, 63 % de la partie continentale des États-Unis a été touchée, dont 53 % des cultures américaines de maïs, entraînant ainsi une baisse du rendement des récoltes. Cette dernière a ensuite déclenché une flambée des cours des céréales. Entre le 15 juin et le 30 juillet, le cours du maïs a augmenté de 61 %. Le blé, le maïs et le soja ont grimpé de 50 % à la Bourse de Chicago lors de l'été. Dès la fin de l'été, les conséquences en termes de crise alimentaire ont été établies. La production mondiale, avec seulement 2,6 % de production en moins, se retrouve, dans un contexte où les réserves ne dépassent pas soixante-dix jours, en situation d'alerte. Les études établissent que d'ici à 2020, les effets du changement climatique en matière de sécurité alimentaire seront intenses pour plusieurs pays, comme la Chine, le Pakistan ou la Turquie. La chaîne causale aboutissant à d'éventuelles émeutes de la faim dépend de paramètres qui n'ont rien à voir avec l'écologie : la spéculation massive sur les cours agricoles, la faiblesse des politiques alimentaires souveraines, l'agriculture intensive fortement corrélée au pétrole et à une importante consommation d'eau augmentant le coût des intrants, mais, surtout, la hausse de la demande, donc la démographie. Dans cette perspective, l'écologie intègre une dimension systémique et globale : non seulement elle constitue un enjeu planétaire, mais elle interagit aussi avec d'autres risques systémiques et globaux. À ce niveau, les enjeux écologiques affectent les conditions de vie et l'économie des êtres humains.

Selon les réassureurs Swiss Re et Munich Re, les grands risques globaux et systémiques environnementaux – hausse des températures, catastrophes naturelles (tremblements de terre, cyclones, tempêtes, etc.), crise des ressources, pénurie d'eau, érosion de la biodiversité, accumulation/non-élimination des déchets, toxicité (nanoparticules, chimie, rayonnement électromagnétique, etc.), pollution (air, eau, sols, etc.), élévation du niveau des mers, OGM –, se croisent avec d'autres risques systémiques et globaux – pandémies (grippe H1N1, mutation, virus, etc.), prolifération nucléaire, fluctuations du marché de l'énergie, déséquilibres nord-sud (accès à l'eau, alimentation, etc.), instabilité (sociale, politique, etc.), phénomènes terroristes (cyber-terroristes) et mafieux, endettement (ménages, entreprises, pays, etc.) – et leur combinaison crée une situation représentant des atteintes pour les êtres humains, à une échelle elle aussi globale.

Dans son rapport « Global Risks 2012 », le World Economic Forum classe les plus grands risques pour 2012 en termes de probabilité et d'impact. La place des risques environnementaux devient centrale. Sur les cinq risques les plus importants en termes de probabilité – disparités de revenus, déséquilibres budgétaires, augmentation des GES, cyberattaques et crise de l'approvisionnement en eau –, deux concernent l'environnement. De même, sur les cinq risques les plus importants en termes d'impact – crise financière systémique, crise de l'approvisionnement en eau, pénuries alimentaires, déséquilibres budgétaires, et volatilité des prix de l'énergie et de l'alimentation – un seul concerne l'environnement directement et deux autres indirectement.

L'ÉCOLOGIE COMME SOLUTION D'ADAPTATION

Jean-Michel Valantin nous confie : « *Les stratèges américains du Pentagone considèrent que la crise économique, la spéculation financière, l'impact du changement climatique sur les rendements agricoles, l'urbanisation croissante, la croissance démographique, l'épuisement de ressources non renouvelables comme le pétrole, la dégradation des écosystèmes, les tensions géopolitiques dans des zones stratégiques en termes d'eau et de terres rares, s'agrègent pour former un immense "système de menaces intégrées les unes aux autres", qui se développe rapidement. Pour eux, les horizons où les risques se confrontent se rapprochent. D'ici 2017 à 2022, ils envisagent une conjugaison des chocs financiers et économiques, sociaux, climatiques et énergétiques, avec la nécessité d'adaptation rapide de leur pays aux nouvelles réalités et aux nouveaux enjeux pour le secteur privé, en particulier en intégrant les principes et les enjeux du développement durable et de la sécurité climatique. D'ici 2030 à 2040 ans, il est à prévoir également une redistribution inter-*

nationale de la puissance et de la richesse en fonction de la capacité d'adaptation des États, des sociétés et des acteurs publics et privés, en particulier par des investissements adaptés : efficacité énergétique, robustesse des systèmes urbains, deep security[24]*… ».*

Preuve de cette dimension stratégique, l'armée américaine entre en démarche de développement durable, allant jusqu'à produire ses premiers rapports annuels de développement durable, tandis que la marine travaille à intégrer les énergies renouvelables et les biocarburants à ses fonctionnements afin de renforcer son indépendance énergétique, pour devenir «*the great green fleet*». Pour Jean-Michel Valantin, «ce *qui est parfaitement compris par la première armée du monde, c'est que la maîtrise de la menace environnementale et ses effets combinés avec d'autres risques systémiques et globaux est la clé de l'hégémonie future des États-Unis*».

Ces risques globaux et systémiques nécessitent la mise au point rapide d'outils et de stratégies d'anticipation, de prévention et de réduction, d'absorption au moment du choc, de résilience à court terme et d'adaptation à moyen et long termes. Le docteur Jacques Fradin, comportementaliste et cognitiviste, directeur de l'IME (Institut de médecine environnementale), nous confie : «*Le mode mental adaptatif et le mode mental automatique sont deux fonctionnements cérébraux différents, le premier étant le plus inventif et récent dans le développement humain, reposant notamment sur les territoires dits préfrontaux du cerveau, le*

---

24. Une «sécurité profonde» qui intègre la résilience, le contexte et la pensée non linéaire.

second étant plus routinier et impulsif. Face à la menace, le stress nous pousse à réagir avec ce socle plus primitif, à la fois court-termiste, émotionnel et conflictuel selon des rapports dominant-dominé. Face à un péril collectif, écologique, économique, politique, etc., il convient de prendre garde à la façon de communiquer et de gérer la situation, afin de solliciter le bon mode mental. Faute de quoi, notre tendance naturelle est de persévérer jusqu'au drame… pour, parfois, changer après!» Tout l'enjeu est donc de prévoir, pour éviter les réflexes de panique.

Les solutions d'adaptation se trouvent donc au cœur d'une nouvelle culture de l'écologie, qui change ainsi de définition: l'écologie qui se préoccupait avant tout de protection de la nature est, certes, sur le déclin. Cependant, une nouvelle écologie émerge, qui se préoccupe de gestion de crises. L'adoption des meilleurs mécanismes de robustesse et de résilience dans la nature devient cruciale. Pour retirer de la nature ses meilleures leçons, utiles à notre adaptation, nous devons la préserver. Plus que jamais, la nature nous est utile.

BYE-BYE L'ÉCOLOGIE POLITIQUE, BIENVENUE AU DÉVELOPPEMENT DURABLE

Mettons en perspective trois facteurs clés du recul de l'écologie abordés dans ce livre. Tout d'abord, le cumul d'erreurs de communication des porte-parole de l'écologie a provoqué un mouvement de rejet. Ensuite, la crise économique, opposant la priorité sociale et la priorité environnementale, donne l'avantage au social. Enfin, la dimension éminemment « vexatoire » que porte le message écologiste explique en partie son rejet. Ces trois phénomènes sont parfaitement humains et compréhensibles.

Les deux premiers facteurs relèvent avant tout de la conjoncture. Pour ce qui est des porte-parole de l'écologie, le problème repose sur le « casting » actuel des personnalités médiatisées de l'écologie politique. Il est temps de constater un échec de communication. L'écologie politique a échoué à dessiner un futur désirable, à le défendre, à assurer les compromis nécessaires pour des avancées hybrides et pragmatiques, composant avec les réalités de la société. Cette écologie-là se termine.

Son déclin ouvre la voie vers une nouvelle définition de l'écologie, qui a également été largement dessinée dans cet ouvrage : partant de l'humain, innovante, pragmatique, en dehors de notions de clans ou de camps, favorable non seulement aux entreprises, mais aussi à la réglementation, et à une consommation éclairée. Cette écologie existe, elle peut motiver les Français.

Le développement durable est une culture mobilisatrice et déjà répandue en France, qui détient un potentiel considérable. Il ne s'agit plus de débattre si le « développement durable » rapproche deux termes apparemment contradictoires, mais de partir de sa dimension performative : il mobilise actuellement la jeunesse. Sachons avancer avec le développement durable et ne regrettons pas cette écologie politique-là qui « ghettoïsait » l'écologie au travers d'une définition stricte. Le développement durable est profitable à l'écologie, car elle se retrouve ainsi en dialogue avec les autres dimensions notamment sociales, ce qui ne peut que la raviver, et elle est comprise par l'humain et pour l'humain, pouvant ainsi le rallier. Il ne s'agit pas de dénigrer la valeur de la nature « en soi » mais de comprendre que, pour réussir à la préserver, l'être humain doit y trouver un avantage personnel. L'homme n'a pas su comprendre cet avantage avant l'arrivée de catastrophes. Mais ces dernières, par leur accélération croissante, lui font comprendre l'intérêt de préserver la nature.

Du côté de l'opposition entre le social et l'environnement, les théories économiques relevant de la social-écologie sont opérationnelles pour articuler techniquement, fiscalement et juridiquement les sphères sociales et environnementales. De brillants économistes, comme Éloi Laurent, Alain Grandjean et Guillaume Sainteny, tous trois cités dans cet ouvrage, ont les clés théoriques et techniques pour résoudre ce dilemme apparent, au travers d'innovations fiscales ou réglementaires. Là encore, c'est une question d'ouverture à un nouveau regard, à une nouvelle approche de l'écologie, qui mène là encore vers le développement durable lequel se définit comme un équilibre entre les piliers social, environnemental et économique.

En revanche, le troisième facteur, la dimension «vexatoire», qui n'a rien à voir avec les écologistes mais avec une dimension anthropologique et symbolique[25] est, lui, de nature profondément culturelle et beaucoup plus structurel. Depuis l'existence du *sapiens sapiens* (nous) l'action de l'homme n'avait jamais influencé des ensembles aussi globaux que le climat, il s'agit donc d'une ère nouvelle dans l'histoire de l'Humanité : l'homme peut détruire l'environnement sans le vouloir et sans le savoir. Cependant, avec l'écologie, jour après jour, l'homme le sait et ne le veut plus désormais. Ce qu'il a fait d'une certaine manière, il peut le faire autrement, car il sait innover. Ce dernier facteur, même structurel, est donc lui aussi dépassable, car la solution relève des qualités d'adaptation intrinsèques de l'être humain.

---

25. Voilà pourquoi les porte-parole de l'écologie se doivent d'incarner une image positive dans un contexte où la charge anxiogène et culpabilisante est déjà dans l'idée que nous détruisons la nature.

Finalement, quel est le défi de l'écologie? Une chance de progrès face à une responsabilité globale. Ce sens de la responsabilité globale a déjà connu le succès à différentes époques de notre histoire. En témoignent, entre autres, la création de l'UE, la non-utilisation de l'arme nucléaire depuis Hiroshima et Nagasaki, et l'abolition de l'esclavage. Les hommes ont déjà montré leur capacité à mettre fin à des situations inextricables, dans le cadre d'une responsabilité globale. Ces prises de conscience ont permis des avancées majeures de l'Humanité, comme le permettra, à son tour, l'écologie, sous le visage du développement durable.

REMERCIEMENTS

Je remercie les professionnels, pour la plupart cités dans l'ouvrage, qui ont éclairé cette enquête.

Céline Alléaume, senior manager, Kurt Salmon

Nils Audouin, directeur associé, agence New York

Jérôme Auriac, fondateur, Be-linked

Walter Bouvais, cofondateur, Terra eco

Morald Chibout, directeur général, Autolib'

Delphine Eyraud, négociateur, ministère de l'Écologie

Loïc Fel, responsable du développement durable, BETC, cofondateur, association COAL

François Flahault, philosophe, CNRS

Jacques Fradin, directeur, Institut de médecine environnementale (IME)

Alain Grandjean, cofondateur, Carbone 4

Patrick Hubert, président fondateur, Financière de l'Environnement

Jean-François Julliard, directeur, Greenpeace France

Sébastien Kopp, cofondateur, Veja

Sylvain Lambert, associé, PwC, département développement durable

Éloi Laurent, professeur d'économie, Sciences Po et Université de Stanford

Erwan Le Louer, fondateur, Jewellery Ethically Minded (JEM)

Dominique Lestel, philosophe et éthologue, ENS

Hélène Le Teno, consultante, Carbone 4

Thierry Libaert, Professeur, Université de Louvain

Baskhar Neel, correspondant, HarVa France

Nicole Notat, P-DG, Vigeo

Serge Papin, P-DG, Groupe Système U

Alexandre Pasche, directeur, Éco&co

Catherine Puiseux, responsable du développement durable, TF1

Cédric Rigenbach, directeur, The Shif Project

Jacques Rocher, président, Fondation Yves Rocher

Jean-Michel Valantin, chercheur en stratégie et sécurité environnementale (Centre interdisciplinaire de recherche pour la paix et la sécurité)

Enfin, je remercie Marguerite Cardoso, éditrice chez Eyrolles, Jean-Claude Hazera et Les Échos Éditions.

BIBLIOGRAPHIE (SÉLECTION)

Auriac, J., Chanon, A., *L'entreprise à l'ère de la défiance*, L'Harmattan, 2012.

Benyus, J. M., *Biomimétisme*, Rue De l'Échiquier, 2011.

Bernier, A., *Comment la mondialisation a tué l'écologie*, Mille et une Nuits, 2012.

Bruckner, P., *Le fanatisme de l'Apocalypse*, Grasset, 2011.

Cohen, D., *Homo Economicus, prophète (égaré) des temps nouveaux*, Albin Michel, 2012.

De Waal, F., *L'âge de l'empathie : leçons de la nature pour une société solidaire*, Actes Sud, 2011.

Dupuy, J.-P., *Contre l'économystification*, Flammarion, 2012.

Flahault, F., *Où est passé le bien commun ?*, Mille et une Nuits, 2011.

Grandjean, A., Jancovici, J.-M., *C'est maintenant !*, Seuil, 2009.

Grosman, M., Lenglet, R., *Menaces sur nos neurones*, Actes Sud, 2011.

Guattari, F., *Les trois écologies*, Galilée, 2008.

Gueguen, N., Meineri, S., *Pourquoi la nature nous fait du bien*, Dunod, 2012.

Hirschman, A. O., *Les passions et les intérêts*, PUF, 1980.

Huet, S., *L'imposteur, c'est lui*, Stock, 2010.

Hulot, N., Rahbi, P., *Graines de possibles*, Calmann-Lévy, 2005.

Laurent, É., *Social-écologie*, Flammarion, 2011.

Lestel, D., *L'animal est l'avenir de l'homme*, Fayard, 2010.

Lochard, C., Murat, A., *Luxe et développement durable*, Eyrolles, 2011.

Novel, A.-S., Riot, S., *Vive la co-révolution*, Éditions Alternatives, 2012.

Oreskes, N., Conway, E., *Les marchands de doute*, Le Pommier, 2012.

Papin, S., Pelt, J.-M., *Consommer moins, consommer mieux*, Autrement, 2009.

Reich, R., *Supercapitalisme*, Vuibert, 2008.

Rifkin, J., *La troisième révolution industrielle*, Les Liens Qui Libèrent, 2012.

Rocher, J., *Ma terre est une femme*, Presses de la Renaissance, 2008.

Seralini, G.-É., *Tous cobayes!*, Flammarion, 2012.

Stiglitz, J. E., *Le prix de l'inégalité*, Des Liens Qui Libèrent, 2012.

Valantin, J.-M., *Guerre et Nature*, Éditions Prisma, 2013.

WEBOGRAPHIE

Voici une sélection de sites intéressants :

Climatehotmap, www.climatehotmap.org

Coal, www.projetcoal.fr

Friends of the Earth, www.foei.org

Greenunivers, www.greenunivers.com

Iddri, www.iddri.org

Manicore, www.manicore.com/

Novethic, www.novethic.fr

Oil Man, petrole.blog.lemonde.fr/

Ouishare, www.ouishare.net/fr/

INDEX

« On entend dire que… »

Cette collection propose à ses lecteurs un service simple et utile : partir des questions économiques telles que les posent les politiques ou les simples citoyens autour de nous our tenter d'y répondre de manière aussi informée, mais aussi abordable que possible.

L'objectif ? Permettre à chacun de se former une opinion à base de faits, l'aider à décrypter le débat, prévenir contre les fausses pistes, les solutions miracles et les affirmations sans preuve qui menacent plus que jamais dans les périodes très diffi ciles que nous traversons.

Nous demandons à l'auteur, économiste, praticien ou journaliste expert du sujet de nous dire non seulement s'il est plutôt d'accord ou pas avec ce qu'on entend dire, mais aussi d'examiner les arguments de ceux dont il ne partage pas l'avis.

Dépôt légal : décembre 2012

Imprimé en Allemagne par BoD